直播互联网时代
所有商业都将用直播再做一遍！

直播解决方案

李非黛◎著

中国经济出版社
CHINA ECONOMIC PUBLISHING HOUSE
·北京·

图书在版编目（CIP）数据

直播解决方案 / 李非黛著.
-- 北京：中国经济出版社，2021.3
ISBN 978-7-5136-6415-8

Ⅰ. ①直… Ⅱ. ①李… Ⅲ. ①网络营销 Ⅳ. ①F713.365.2

中国版本图书馆CIP数据核字（2021）第009053号

策划编辑 海 毅
责任编辑 李 丰
责任印制 巢新强
版式设计 吕 夏
封面设计 任燕飞工作室

出版发行 中国经济出版社
印 刷 者 北京力信诚印刷有限公司
经 销 者 各地新华书店
开 本 880mm×1230mm 1/32
印 张 7.5
字 数 130千字
版 次 2021年3月第1版
印 次 2021年3月第1次
定 价 58.00元

广告经营许可证 京西工商广字第8179号

中国经济出版社 **网址** www.economyph.com **社址** 北京市东城区安定门外大街58号 **邮编** 100011
本版图书如存在印装质量问题，请与本社销售中心联系调换（联系电话：010－57512564）

前言

今天我们聊的直播，绝不是指 2020 年前的传统直播。这是一种全新的物种、全新的生态。可以说，它颠覆了原来的微博、微信、抖音等传统社交媒体，成为了一种新型信息传达方式：效率更高，互动更即时，生产成本更低，入门门槛也更低。它将再次大幅度压缩信息传送速度，大幅度提升信息传送量。这是难以想象的颠覆！

可以说，直播已经变成了一种人类行为习惯，是全新的商业“水电煤”。如同我们几年前说的，互联网不再是单独产业，而是产业重构的“水电煤”。如今直播也是一样，它不再是以往单独的、小众的、肤浅的、被误解的行业，而是产业重构的“新能源”，所有商业都可以用直播再做一遍。

前几次人类社会信息交互习惯的改变带来的巨变，相信诸位都是亲历者：微博 – 微信 – 抖音，信息量越来越大，人们的耐性也变得越来越差。直播互联网时代的到来，恐怕将让科幻电影中的全息更具象化了，更接近现实了。

疫情过后，大家都在自救，尤其是陕西柞水县的“新农民”

电商——年轻的农民创业者们，通过直播改变了贫困县的状况。在2020年4月21日，直播形态被几大央媒点名表扬后，再次在社交媒体引发了网友对直播的认可与讨论。当天笔者火速发文，做了8点预测，同时郑重写下声明，短时间内这8件事必将发生。今天笔者也把这8点写在本书前言中，毕竟2020年我们一直在见证历史，这一次，我们要参与历史。

(1) 直播将成绝对风口，甚至马上成为公务人员的KPI。

(2) 第一点其实是大好事，不要怕一窝蜂上，就怕不敢上，不想上，怕麻烦不上。

(3) 对任何大中小微企业而言，直播是目前最轻、最快的自救手段之一。

(4) 所有商业都可以用直播再做一遍。

(5) 直播的平台选择，要选适合自己闭环的：若原来擅长抖音，就选抖音短视频＋直播＋橱窗或小店的闭环；若原来擅长微信，就选微信直播（首选小程序直播）＋视频号＋公众号＋个人号的闭环。

(6) 不要对直播有固化的刻板印象，以为直播就是以前那种秀场打赏，也不要以为直播只能导向带货。直播是一种新的交互形态，在这里可以诞生新的内容、新的关系、新的玩法，毕竟直播再次改变了人类信息交互的习惯。

(7) 如果还认为只有无能的品牌市场部才要不断拥抱直播，那你基本要被社会淘汰了。

(8) 给自己敲响警钟：世界在疯狂变化，每天一变，千万别自我设限，现在正是最好玩的时候。

本书重点针对这 8 大预测，直接给出全套解决方案，不仅讲实操方法论，更讲底层思维逻辑，让你能直接上手，还能举一反三。

PS：

所有商业都将用直播再做一遍！

所有商业都将用直播再做一遍！

所有商业都将用直播再做一遍！

目 录

第1章

历史危机：危也是机，直播是最轻、最快速的自救

2020年开局以来，我们每天都在见证历史百年未遇之大变局，本章拆解一下在这个变局中的弄潮儿，他们有一心为疫情后激活社会经济的行政人员，也有稳如磐石的传统实业大企业，有死活不为五斗米折腰的情怀CEO们，也有不断求新求变的新商人。我们来拆解他们的行为轨迹和思考逻辑，看看他们在危中，是如何抓住了机。

第2章

场景分析：一切商业都可以用直播再做一遍

上一章，我为直播呐喊，直播是新物种，是各大产业的新型“水电煤”。本章，我们就来一一拆解，它究竟是怎么把这个世界给撕碎重揉的。

第3章

日常直播：5大注意事项和运营路径

如何做好日常直播的布局？本章重点讲述直播的流程设计，如何策划直击人心的主题，如何做好从选品到上架等环节，如何规划传播要素与路径，如何做好直播间装修以及人员调配，手把手教你将直播落地。

第 4 章

大型直播活动：如何做得既有高级感又接地气

如何将一场大型直播活动完美落地执行？本章通过活动策划、内容及宣传、网红直播、现场解决方案等 4 个部分，为你重点拆解大型直播活动的关键要素和行动方案。

第5章

直播脚本：定胜负的4大关键武器

用户为什么愿意花时间看你直播？这就需要我们站在用户的角度来策划和完成直播的关键内容——脚本。一个完整的脚本，至少应该包括这4个方面的内容：执行脚本、互动玩法、高级话术、福利设计。你只有一个目的，吸引用户、留住用户，引导下单。

第6章

私域直播型产品：直播＋视频号＋公众号的强闭环

公域流量和私域流量有什么区别？前面我们讲了很多公域流量的直播，本章为你重点拆解一下如何做好私域流量，手把手教你如何利用存量完成裂变，打造公众号、视频号、社群等构建的一个完美的私域直播体系。

第 7 章

价值 4000 万：直播的捞金与资质

直播不就是带货嘛！直播带货不就是以前的电视导购嘛！直播不就是整个手机、装个软件，人人都能做嘛！如果你也这么想，那你真没搞懂直播！带货只是直播的一种方式，直播能做的事还有很多。另外，直播并不是你想做就能做的，它是要准入证的。本章为你详细解读直播的捞金模式和资质。

第8章

直播技术装备：用外包还是自行采购设备

如何选择直播技术装备？很多刚入门的个人和企业，一上来还没赚钱就产生了一大笔支出，这并不可取。本章为你提供一些建议，避免那些别人踩过的坑，少走弯路，少花冤枉钱，多办实事。

结语：变得太快，拥抱不确定性中的确定

第 1 章

历史危机：

危也是机，直播是最轻、最快速的自救

2020 年开局以来，我们每天都在见证历史百年未遇之大变局，本章拆解一下在这个变局中的弄潮儿，他们有一心为疫情后激活社会经济的行政人员，也有稳如磐石的传统实业大企业，有死活不为五斗米折腰的情怀 CEO 们，也有不断求新求变的新商人。我们来拆解他们的行为轨迹和思考逻辑，看看他们在危中，是如何抓住了机。

1.1

重塑政务服务：领导带货团深夜在播，新农民改变了农业交易

2020 年 4 月 21 日，晚上 9 点 15 分，陕西柞水县副县长张培冲着镜头喊："宝宝们，没有货了，我们县的木耳都被你们买完了！"当天晚上，2000 万网友冲进淘宝，3 个淘宝直播间同时开售。24 吨木耳秒光！这相当于柞水县去年全网 4 个月的线上销量。有网友留言："淘宝直播一夜，柞水木耳 4 个月。"

前一天，4 月 20 日，陕西柞水小岭镇金米村的村民网络卖货直播间被央媒点赞，认为年轻的新农民让农业也数字化了："电商，在农副产品的推销方面是非常重要的，是大有可为的。"

这可以说是政务服务领域在疫情后复工复产、全力推动经济复苏中，得到最大的一股强心针。随后央视主播李梓萌在拳头栏目《主播我来说》中表达道："领导带货，带的更是一种模式，新业态，要结合实际用起来！"这个新业态是：数字已经开始成为新农资，手机成为新农具，直播成为新农活。

直播带来的实效，从重塑政务服务，甚至上升到重塑业态、重塑生

产习惯。重要的是释放了一个信号：拥抱变化，眼界更开阔，入局更积极。年轻的奋斗者们无形中也得到了主流社会的拥抱——这是此前任何创业时代没有的氛围。

所以说，行政人员的躬身入局，不仅是实际解决问题的意义，更是榜样、带头的意义。也许在后疫情时代，无论从经济复苏的实际需要，还是抢占新赛道，这次的政务服务做得更加务实，也更加开放，确实有积极的影响力，担得上“重塑”二字。

这也是为何本书要一反互联网书籍常态，从主流政务现象开始写起。因为在后疫情时代、全球化快速退潮的特殊时期里，直播不仅仅改变了人们的习惯，还拉平了人们的体验格局，毕竟在直播面前人人平等。

既然是新业态、新生产习惯，那么置身其中的人们将面临三个大考：平台选择上的大考，能力闭环上的大考，产业实力上的大考，如何应对？如何破局？

平台选择上的大考

考题的真谛：招商引资能力、高新资源积累。

直播的首要条件，就是选择一个平台。

能否快速找到适合自己的平台，同时高效对接上，并由专业人员执行落地，在普通的企业合作层面是相当高效容易的事。毕竟做个调研，再与平台进行方案的研讨比对，双方谈判后就能快速确定合同流程。

然而，在行政部门内，首先要能找到能理解互联网语言体系的责任人，愿意为此事挑头、对接——这就意味着主官要重视、要首推，可以说是否与时俱进。

其次，选择合适的好平台合作。一些优秀的城市往往自己治下就有特别好的平台或平台分公司，就应该近水楼台先得月。近阶段鼓宣的招商引资是关键，能否理解和判断什么是好的平台方，并且能与平台方达成共赢，对管理者的招商引资能力是大考。反面教材就是引进了一堆无关甚至是负面企业。

再者，为何说对平台的选择与合作，体现了地方政府在高新数字资源方面的积累？前面讲的两点，分别是思维上的积累、平台资源的积累，高新数字资源讲得更多的是认知与人才的积累！

带货直播，没有想象的那么简单！它并不是你往手机镜头前一站，平台一开播给个好推荐位就能完成的。它需要严谨地准备与策划，需要有好的主播带领嘉宾把流程顺下来。各种玩法也需要精心设计，甚至包括平台给的一些好位置，也需要做好设计、想好创意点。比如央视、李佳琦这样的平台及 IP，都得精心思考“小朱配琦”这样的传播亮点，更何况咱们呢？

所以，要把这套流程顺下来，同时在直播过程中稳定地执行，策划和执行的团队就相当重要，既懂内容：能解读出本地的特色、亮点；又懂技术：明白直播的规则与玩法；更能懂规则：把握边界。这难道不是高新资源的积累吗？

事实上，对各大平台来说，这也是一次交答卷的大考。目前来看，淘宝一直在战略上遥遥领先。

早在 2014 年，阿里就上线了农村淘宝，同时宣布启动“千县万村”计划，在三至五年内投资 100 亿元，建立 1000 个县级运营中心和 10 万个村级服务站。最新数据是：农村淘宝已经覆盖全国 29 个省、700 个县域（含建设中）的 3 万多个村点。

而 2014 年，抖音的母公司今日头条才诞生 2 年；快手才转到短视频赛道上不久；拼多多要到次年 9 月才成立。在深入产业的路上，淘宝一骑绝尘。

因此，在“干部直播带货”这条路上，阿里一直都有自己稳扎稳打的战略。前文提到的一晚被秒光 24 吨木耳的柞水县，被点赞的农村美女主播李旭瑛是 2019 年 2 月 8 日才加入阿里乡村电商学院的“进阶班兴农脱贫培训”。10 天后，李旭瑛注册了淘宝直播账号，开启人生第一场直播带货。2019 年 3 月，“秦岭天下”淘宝店的销量环比 2 月飙升 30 倍，85% 的销售额都来自淘宝直播。淘宝直播的村播计划也开始在柞水县扎根。央视新闻报道称，电商直播极大地带动了柞水县的农产品销售。

柞水县和淘宝联手交出了满分的答卷，两年前的 2018 年 1 月，柞水贫困率还有 15.79%，是国家扶贫开发重点县和陕西深度贫困县。而 2020 年 2 月 28 日，柞水县正式摘掉国家贫困县的帽子。

截至 2020 年 3 月底，全国已有 6 万多名农民入驻淘宝直播，成为农村主播。淘宝直播平台上农产品相关的直播已达 140 万场，田间、大棚、仓库、渔船都成了农村主播的直播间。3 月 30 日，淘宝正式发布村播计划 2.0，宣布今年将联合陕西、山东、河南等多个省区市的商务和农业部门，共同孵化 20 万新农人，预计通过直播带货使农产品销售额达到 150 亿。

3 月 15 日，正好赶上了今年 3 月的淘宝直播“春播月”，每月 15 日的“村播日”创下史上最大规模。县长在淘宝直播上比主播还拼，一场直播就带了超 30 款货。

典型代表就是山东惠民县委副书记李宁波，在这天连续直播三个小时，带了 30 多款货！直播持续 3 个小时，吸引了 100 多万网友关注，当场卖出 39000 多枚鸡蛋，7500 根玉米，3000 多斤大蒜，2000 斤香菇，见图 1-1。

图 1-1　山东惠民县委副书记李宁波在直播

不少村淘工作人员是带着“历史给予的责任”投入这份工作的——

我的一些学生，原来在城市里为阿里工作，后来义无反顾地返回家乡，从写字楼的精致白领，转型为走村串巷的乡间小兄妹，甘之如饴。

如果说阿里在村淘及农村直播的投入上充满了远见与使命，那么其他平台携手政企，就有点临危受命的感觉了。

2 月 10 日起，拼多多率先在全国开启了“政企合作，直播助农”，探索“市县长当主播，农民多卖货”的电商助农新模式。消费者可以通过首页“秒杀频道”，或者直接搜索“爱心助农”找到助农专属页面。截至 3 月 31 日，仅“农产品上行”板块的“市长县长直播间”在拼多多平台上就吸引近 1100 万消费者参与消费，全网累计观看人次超过 1.5 亿，直播间直接销售农产品超过 800 万斤。

而抖音的公关通稿如此写道：为缓解疫情期间农产品滞销问题，抖音联合今日头条、西瓜视频发起“战疫助农”公益项目，通过开展“县长来直播”等系列活动助力农产品销售。截至 4 月 11 日，该项目累计助力农产品销售额达 3.2 亿元。

3 月 11 日，快手发布的数据显示，快手邀请来自全国各省地区的 11 位副县长、县领导及多位快手电商大 V，在 3 月 3 日至 3 月 10 日每天下午和晚上的黄金时段进行直播，在 6 天时间里直播近 30 场，吸引了超过 2100 万人观看。活动累计销售数百吨果蔬生鲜产品，同步销售了泡椒、蜂蜜、咸鸭蛋、糍粑等 20 多种因疫情而滞销的农副产品，带动各地个体农户销售近百万单鲜农产，累计销售额突破 2000 多万元。

如果说，有远见的地区能在早年间与阿里提前深度合作，把人才、产业、认知全线准备好，在脱贫攻坚战、抗疫经济复苏到来时，能以昂扬饱满的准备，不慌张地向前走，那么这些地区的父母官在平台选择的大考上，应该算是尖子生一类，后来紧急拥抱抖音、快手、拼多多的地区，也算是态度积极主动。然而目前依然有一些地区对直播这件事持嘲讽与怀疑态度。

能力闭环的大考

考题的真谛：个人认知水平、管理水平以及表达水平的综合体现。

干部们做直播，尤其是已经做出不少成绩的干部们，至少从某种程度上，勇于突破，也不介意被指指点点，更没有怕犯错了会影响仕途的摇摆。他们能将产业了解得滚瓜烂熟，业务水平也高，同时对在地产业、产品质量有着强有力的管理水平；当然，有特色的表达水平也是获取网友好感的一大杀器——在线上，网友们会因为一时好奇在干部直播间短暂驻留，但如果你太无聊的话，他们会无情地走掉的！

直播是超级放大镜，如果你无趣、无质、无料，那将会是“车祸现场”，换句话说，直播也将各个平行空间折叠了，干部第一次被拉到同一个水平面上检视水平高下。

云南西双版纳傣族自治州人大代表、勐海县常务副县长杨佛海就在快手上抗住了考验，爱喝茶、爱运动、爱健康是他的人设，在提前运营的快手号上，他接地气地介绍了自己的名字在不同民族里有至少 4 个发音。有特色、接地气，像“老铁”们身边的幽默大叔，符合快手的定位。像他这样的干部在快手上有专属的一个社群：31 日下午的直播间中，杨佛海还直播连麦了几个快手上的“县局长老铁”，他们分别是四川省蒲江县农业农村局局长刘富程、云南省双江县副县长陈斌、云南省凤庆县副县长赵玉磊，见图 1-2。

图 1-2　云南西双版纳傣族自治州人大代表、
勐海县常务副县长杨佛海在快手抗疫助农直播带货

由于工作内容相近，来自全国各地的县长、局长们通过快手结成了交流社群，除了交流近况和工作经验，还互相点赞加油，俨然一个个经验老到的老铁。

无独有偶，青海省河南蒙古族自治县县长阿琼已是十足的“网红达人”，在年初的一次直播中，他和其他县的 3 名干部以及 5 名网红直播 5 小时，共带货价值 1200 万元。

而最魔性的应该是山东商河县副县长王帅，一名 80 后博士，接地气，精通网络语言，半分钟里金句频出：

“好看得无法呼吸……”

“距离千年老店，只差八百年……”

“皇家的感觉，太子才能享有……”

不仅如此，王帅推销当地特色产品扒鸡，并挑战“大胃王”，一口气在直播中吃掉4只扒鸡。网友说“直播间里的县长实在没个县长的样子”，但这句话的后半句，网友又说，“但这就是我们喜闻乐见的为百姓服务的样子。”有好评更有销量，扒鸡日销2000余只，还带动了淘宝店铺的销售量，半天卖出以前半年的销量，一周卖出3万只！见图1-3。

图1-3　山东商河县副县长王帅直播带货

延安宜川县的县委书记左怀理，平时西装革履、言辞严肃，他的直播特别能体现出两种气质的冲突：一边是屏幕两端氤氲着的人间烟火，一边是静水流深的庙堂正气。在直播间里，左怀理唱起了陕北民歌，边唱着边端起一碗热腾腾的稠酒，这是宜川的当地特色。他带货的阵势一点儿都不输其他达人，各种鲜花、礼物也“唰唰唰”地盖在了左怀理的脸上，也见证了他的直播业绩——3个小时，卖出18万斤苹果，见图1-4。

图 1-4　延安宜川县县委书记左怀理直播带货

除了冲刺性的直播带货脱贫外，还有一些“直播网红”干部尝试了直播问政：据《中国新闻周刊》报道，在内蒙古锡林郭勒盟多伦县，县长刘建军是当地首屈一指的“直播网红”。在短视频平台上，刘县长拥有近 10 万粉丝，直播时长超过全国 99% 的用户，内容多为办公日常、网民问政等。“越野车碾轧草原”事件在当地发生后，他曾连发 8 条短视频，敦促当事人归案。

当地发现草地螟虫情，刘建军和当地专家下乡发现虫害，若不及时控制，三天内这些作物将“全军覆没”。刘建军当即在线上召集有关乡镇长，由专家直播防治知识，迅速出台防治方案，有效控制了虫害。若按照以往的工作节奏，上报虫害、问计专家、研究方案、召开会议、基层再组织落实，庄稼恐怕已经被“啃光”了。

这就是直播带给政务工作最直接的益处，开放和务实是直播的重要特点。开放，是利用互联网的力量来共同面对问题；务实，是聚焦于问题本身，以最直接、最实在的方式形成解决方案。

能深刻理解这背后的逻辑，就是干部们面对的能力闭环的一大考。

产业实力的拼杀

考题的背后：产业布局、专业化生产、社会化服务、品牌化运营的综合发力。

“直播，不止于带货！直播，功夫在屏外！”这两句话，相当振聋发聩。

即便是普通的网红直播带货，其背后的关键也是供应链、商务谈判、质量监管等一系列的问题，这个闭环往往和前端的网红亮相、内容策划一样重要。

同样，以当地主官为直播的前端，背后必然离不开一整套完整产业链的支撑，需要依托产业布局、专业化生产、社会化服务、品牌化运营等多方面的综合发力。通俗地说，就是自己先要有产业，产业产品的质量要跟得上，物流要通畅，服务要跟上，还得慢慢地建立自己的品牌。

以往没有流量的时候，往往咱们会说：“我们的产品都特别的好，但就是推不出去。”现在机会有了，能不能抓住流量是第一道关，流量有了，能不能接得住，又是一道关。

因此，领导直播带货现象是应急之举，更应成为谋远之策。除了积极搭建平台、拓展销售渠道外，还要把功夫下在屏外。

1. 产业是否能加强，品质是否能保证

目前在直播领域火热的，大部分是鲜活农产品，没有中间商赚差价。曾有上镜的县长说：“第一次网友们同情心助农，第二次能否再回头，就是看我们的品质了。”没错，核心竞争力是品质。能不能做强产业，帮助农民掌握农技知识，用好当地的好山、好水、好生态，打响当地农产品品牌，这是个系统工程。规范农民生产经营、引入农业品牌企业、引进人才、打造县域品牌等，尤其是要加快科技创新步伐，加快农业机械化发展，提高农业信息化水平，让“互联网 + 现代农业”增强产业竞争力。值得警惕的是，已经有网友对收到的助农产品颇有微词：又烂又贵，不会再买。

2. 服务品质能跟得上水平吗

直播火爆，网友的下单，多少有点冲动消费，直播退货率高也是普遍现象。就像上述所说的，网友收到货后不是很满意，那么县长站台多少显得尴尬。而且如果直播时言过其实，而在存储、运输、包装等环节做得不到位，导致鲜活农产品变质，就会引发食品安全问题，引起消费者大量退单，也会严重影响县长甚至所在地方的美誉度。短时间内大量接单后，如何高效地理货、发货，随时跟进买家的咨询等，这些对此前

准备不足的县市都是考验。生意不是一次性的，是需要长期经营的。

3. 在产业转型上下功夫

除了土特产，各地还有哪些与民众生活息息相关的产业？而农产品这个产业，基础设施是否还落后，缺硬件？人才储备不足，缺软件？发展迟滞，硬件、软件都不行？干部的产业发展大考能否也能像优秀的企业家一样，站在风口起飞，加快产业转型，让传统农业借势升级？这个问题值得深度思考。

值得一提的是，虽然各地干部都与平台们打得火热，从来没想过在自己的影响力上，增加私域流量池及拥抱微信提供的大空间，小程序直播及本县品牌的建设与传播在此过程中被大大浪费了，在此一并提醒一下。

1.2 重塑企业：携程梁建章 COSPLAY，罗永浩刮胡子，安踏七匹狼机制创新

企业及企业家们，一向都是在各种危与机中最敏锐的一群人。如果说春江水暖鸭先知，我看企业家们都能豁得出去夜观天象，推测哪天能回暖，比鸭鸭还要拼！

其实，企业家们直接冲向一线去直播，哪里是为了重塑，几乎都是被疫情带来的时代变化一脚踹下了场。

携程前 CEO 梁建章早已两度隐退，不管具体事务，然而，自疫情爆发至 3 月中旬，携程已累计处理数千万取消订单，涉及交易金额超 310 亿元人民币。据其披露的数据，携程预估一季度最高亏损 18.5 亿元。3 月 9 日，携程 CEO 孙洁宣布今年自己与梁建章从本月起开始 0 薪水。

罗永浩就别提了。有人说老罗是行业专业翻车手，进什么行业，什么行业就遭殃，锤子手机、电子香烟都验证了这一点，他倒是很坦然："卖身还债，没什么羞耻的。"

大家都熟悉的"董小姐"——格力电器董事长兼总裁董明珠一直

声称不能做直播，影响线下。但是，她在接受央视财经专访时也说："2月份，我们的销售数据几乎是0，这意味着损失200亿，行业整体面临这样的困难。"无独有偶，"榴莲西施"的创始人施威就担心别人说"老板都跑去直播了"，连朋友圈都不敢发。

泉州的鞋服行业一向扎实稳进，早年间就斥巨资投入建设自己数据中台的七匹狼。被点名为"晋江精神"的安踏，在这次疫情期间也难以幸免于难，线下门店无法营业，天天都堪称金钱在燃烧。

说实话，都是绝境逼得大家在拼命。

携程梁建章：豁得出去变脸，穿越古人吟诗

"酒醒只在花前坐，酒醉还来花下眠……大家好，我是'百年障眼书千卷，四海资身笔一枝'的唐伯虎。"

3月25日，携程"复兴V计划"预售开启。凭借与95后接轨的"融入旅行场景式着装"COSPLAY风格，梁建章也开启了他人生的第一场直播。不到1个月，梁建章跋涉6省25市9000多公里，在三亚、西江苗寨、湖州、深圳、溧阳、腾冲直播6场，为111家高星酒店带货1个亿。

梁建章历次直播造型：苗王章、古风章、夜礼服章、唐伯虎、藏服章，见图1-5。梁建章下一场直播会穿什么服装？COS扮相如何？也成为营销的着力点之一。

图 1-5　梁建章的直播 COSPLAY 秀

据说，梁建章的直播词都是他自己写的，在成都飞往腾冲的飞机上，他还用手机一字一字地写出 17 个酒店的介绍。

和梁建章一样，对文旅行业既充满担忧，又觉得到了资源重组的好时机，还有许多原来的 OTA（在线旅游）对手，如美团、阿里……甚至连一些积极向上的地方文旅局，也在不惜重金，大力再造新的文旅。

罗永浩：车翻得越狠，人设越稳

罗永浩在 4 月 1 日的第一场直播前，大家的心情都很复杂。罗粉们有一种“人到中年终于要为五斗米折腰”的于我心有戚戚焉之感。而围观者们，则有一种“天啊，老罗又要翻一个行业”的震惊，因为在他直播前，相关部门公布了要对直播进行更加严格合规管理的信息。

老罗的每次直播，都是大型的媒体狂欢节，神奇的是，竟然不败好感，他自己戏称：车翻得越狠，人设越稳。

比如在他的第四场直播中，竟然接连翻车。第一次翻车发生在演示沁园净水器时，果粒橙倒进去却出不来水，然后换滤芯打不开机器；在蝴蝶酥补货时，由于搭档出现口误，把原本买两盒送两个盒说成了买两盒送三盒，老罗当即表示，多出的那盒由自己补贴；在展示立白环节，PPT 上将价格错误标注为 9.9 元，而用户付款时却变成了 23.9 元，见图 1-6。

图 1-6　罗永浩的直播翻车现场及用户评论

幸好，在这次接连翻车的直播中，罗永浩直播间累计观看 1018 万人次，销售额 3091 万元，而且直播间打赏额度创新高，打赏 3822 万音浪，高于首次的 3564 万音浪，见图 1-7。对此罗永浩表示："恢复了第一第二场的雄风。"

图 1-7　罗永浩 4 月 24 日的直播数据

安踏七匹狼：观音山微商一条街，闽商就是不服输

看到了时代开的窗，并将它开成了一扇门的，当属闽商了。在海滨城市厦门，安踏、七匹狼、匹克、361° 等大型成熟鞋服企业，集中在风景优美的海景写字楼群——观音山一带。

早在今年春节后，敏锐的闽商们第一时间开始自救，当时还是一套不怎么顺畅的分销系统，界面难看，交互缓慢。然而，人们还在观望“疫情真这么严重吗？”“睡一觉起来突然多了 7 天假”时，闽商们已经全力以赴要求公司自上而下，全体在朋友圈发布诸如“安踏员工内购价”“七匹狼员工内购价”一系列的活动。职位再高，也得每天在朋友圈打卡，同时一对一邀约身边的朋友、家人、群扫码内购。

七匹狼的首席信息官陈志勇和朋友喝茶时，就时不时拿出手机：“来，帮忙转一个，挺好的。”据悉，在年前，这位七匹狼大数据中台的首席大脑就已经在对外推出分销体系了。疫情一爆发，他们果断决策“全军出击”！

相比匹克、361°、暴龙眼镜等企业的稍慢一步，安踏也是第一梯队的“微商大企”，和七匹狼一样，先上线再迭代。在短时间之内，他们不仅跑通了朋友圈分销，还快速上线了小程序商城与直播。据透露，七匹狼有个年轻店长，通过激活店里登记的会员，再通过小程序直播进行销售，疫情期间不能开店，他不仅没有亏损，还赚了300万元！

闽商们的迭代速度让人惊叹，很快安踏旗下的FILA品牌，迎来了年轻的高颜值店长，一男一女搭配，开通公域潮流穿搭直播，配套小视频发布，建立与公域直播＋视频带货引流，私域直播转换，公私双域混合导量的闭环。

七匹狼也不遑多让，各省纷纷通过小程序开通直播激活会员，同时还向前迈了一步，开始和外部销售渠道合作。以最低的内部价提供给流量方，不付坑位费，协助对方发货，让对方快速跑量，如此，建立起了自营公域＋自营私域＋公域网红＋渠道分销的完整线上销售体系。

这一波转型速度着实令人惊叹！

虽然几家企业的员工都在朋友圈戏称自己身处“观音山微商一条街”，但这些企业的快速自救、快速迭代以及快速共享互助，可以说是在本次风口中表现得十分亮眼。

1.3 重塑微商及连锁：微信里最拼的深圳小姐姐，中国人的韧劲让人感动到落泪

和“观音山微商一条街”一样反应迅速的还有上海、深圳的一些连锁品牌、微商团队。

和闽商们自上而下的强推不同，这些品牌及团队，往往是创始人自己为了求生存亲自上阵，毫不夸张地说，他们如同打了鸡血一般地向前扑过去。

上海本土护肤品牌林清轩创始人孙来春，在全国有 337 家线下门店、2000 多名员工。疫情之下，“春节黄金周”变成 157 家门店歇业，业绩暴跌 90%，每天一睁眼就是 100 万元的支出。“按照这种状况持续下去，公司只能支撑 62 天。”

深圳内衣品牌迪兰多创始人江华，拥有 100 多家门店，集中在珠三角，以及广西、福建、湖南等邻近广东的省份。整个 2 月份，营业额下滑了九成。2 月底，她咬牙关掉了深圳的 5 家门店，而这些门店当时投资至少 30 万元起。

在广州还有大批微商。原先他们的盈利方式是通过大会招商，吸引代理。疫情当下，招商大会无法举办，一向脑子灵活的他们第一时间就扑向了直播。

孙来春、江华：老男人卖化妆品、卖内衣

孙来春人生第一次直播是在2月14日，在所有创始人直播里，都算是早的。“我一个老男人，万一来看的只有几十人，一瓶没卖出去，怎么办？”孙来春很是焦虑，尽管自己豁出去了，但直播头天晚上还是严重失眠，直播前跑了五六次厕所，紧张得前半个小时都不知道自己在说些什么，直到后面开始讲述自己擅长的话题，才稍微自然了点。6万多人围观、卖出近40万元，当天用两小时的直播做出了平时4家门店、十七八人一天的业绩。这让此前并不看重，甚至看不上淘宝直播的他完全改观了。

孙来春说：“别人直播为赚钱，我做直播是想拯救企业的命。”

与他一样用直播救命的，还有深圳的江华。比孙来春更尴尬的是，江华做的是女性内衣连锁，而他却是一个不折不扣的直男：“平时和大家聊天说，我看你们一眼就知道罩杯大小，自己都觉得有点说不出口”。之前，江华一直认为，实体店才是根基；直播带货，那是李佳琦、薇娅的天下，自己是不擅长直播的，更何况还是内衣！

疫情来袭，他也没办法了，从年初三开始，江华每天去公司，待到凌晨两三点。思来想去，觉得也只能发力线上，于是开始尝试直播，并

建立线上粉丝群。

和孙来春前后脚，江华的第一次试水直播是在 2 月 15 日。2 月 25 日，2 月 27 日，2 月 28 日……马不停蹄，3 月份江华开了 15 场直播，平均两天一场，最高的一场销量四五百件，销售额 5 万多元，最低的几千块钱。我在朋友圈看着江华一次又一次迭代，快速超越自己。尤其是他旗下的一位店长，颜值高，又很拼，还豁得出去，直接穿着自己品牌的内衣上阵，搭配上真丝睡衣，在镜头上落落大方地介绍产品，不媚俗也不低级。

两位连锁品牌创始人都有极强的反应力，都有着极强的韧劲，还有一支很能打的团队。他们开始纷纷把直播的成功经验复制给线下门店的导购们，江华的导购们首选微信生态的直播，因为能激活自己店里的会员，还不会混淆来源。希望有一天他能尽快上线自己的小程序直播，让几十个门店可以同时直播。

孙来春的导购们则在创始人的以身作则、全力培训下，渐渐熟悉镜头，从一开始的手足无措，到现在已能轻松与观众互动。淘宝直播的观看数从几个、几十个，上升至几百个、几千个，还在不断增长。别小瞧这个数字，这只是一名导购工作 3 小时的业绩，而她在线下工作 10 小时一般只能接待几十名顾客。

重塑的是消费场景、交易效率

即便有再多不得已，对于江华、孙来春的选择，如今回头来看，堪称明智。“我本来就关注直播，只不过疫情让我提早了大半年，这是大好事。”在一次电话沟通中，江华对我这样说道。

当疫情袭来，线下门店关闭。“林清轩们”面临的最大困境是什么？答案是：货还在，但顾客没了，消费的场景没了。

通过直播进行数字化布局，让他们在线上找回了顾客。更重要的是，交易效率是以往的几十倍！

尝到甜头的孙来春决定，疫情结束后，要在林清轩大刀阔斧地推进直播，把线下门店改造成直播间，初步的设计图已出炉。

“我们准备把直播作为常态，在门店天天搞直播”，孙来春说。疫情训练了线下门店，直播也是导购与顾客互动、沟通的方式。

装修商们也因为做直播间改造的业务多了，纷纷被拯救了回来。“本来今年经济不好，展会也不开了，我们正愁着呢”，某装修商说道。

直播正在悄然改变着所有的商业业态和商业效率。

中国除了北上广，还有那么多市、县、乡镇，其中藏着无数怀着雄心的品牌和企业家。还有无数的第三方不知名代工工厂、白牌品牌，还做着自己的品牌梦。

他们的产品质量也许并不差，生产成本也比一线城市竞品要低，但苦于无人才、无渠道，尤其是大量品牌营销人才往一线城市靠拢，在普通城镇、二三线城市的这些野心家们，也迫切地想赶上时代的潮流。

直播正在帮他们洗牌。因为在新的直播逻辑下，原来一些高大上的品牌策略失去了场景，用户在呼唤一种新型的对话方式，以及在这种对话方式下的内容重现。

第 2 章

场景分析：

一切商业都可以用直播再做一遍

上一章，我为直播呐喊，直播是新物种，是各大产业的新型“水电煤”。本章，我们就来一一拆解，它究竟是怎么把这个世界给撕碎重揉的。

2.1

直播 + 互联网，五大特性重塑商业

如果说，在2020年春节后，所有率先拥抱直播的人们只是为了自救，那么在与直播亲密接触了一段时间后，他们更普遍地感觉到了风口，也开始更有野心地思考直播带来的商业重塑的可能性。

让我们一起深入走向直播，看看为什么它值得我们一而再、再而三地提到。

首先相比之前任何社交媒体的门槛而言，直播更亲民。如果说，微博需要你会追求热点、能讲段子、文艺煽情；微信需要你有态度、有深度、会排版；抖音等短视频平台需要你会编、能拍、会剪、有颜值。那么，与这些传统的社交平台相比，直播也许只要你敢开播就行了！

当然这么说太过了。事实上，直播的宽容度说起来是挺高的，只要你有自己独特的表达方式，自然能吸引到一群人蹲在直播间里看。比如疫情期，大家能消费的内容都消费完了，直播成了用户们的新选择，他们穿梭在各个直播间内，看人呼呼大睡、看人聊天喝茶、听人唱歌，又或者津津有味地看购物节目买东西。

深度分析一下，和其他生产内容的社交媒体平台不同的是，直播有以下六大特征。

聚焦感：满足了人性的存在欲

如果你在最近这阶段尝试了做直播，就会发现很容易上瘾：存在感太强了！

而直播的特殊互动：主播可以即时收获用户的夸奖、送礼，或者评论刷屏、点赞，仿佛聚光灯下的明星——简直太愉快了！

用户也可以即时得到主播的关注，比如你一进直播间，成熟的主播就会快速念出你的名字，欢迎你的到来，颇有一种特殊待遇的感觉，甚至有人为了在主播的直播间里占榜首，疯狂地打赏。比如，老罗直播间常年置顶的两位贵妇网红——当然，在老罗的直播间置顶更大的好处是：高流量度的曝光。

我有一个很好玩的体验，是某次无意中进了老家一位老大爷的直播间。他用直播卖茶叶，看的人特别少，才 13 个人。我一进去，他立刻念了我的昵称："欢迎非黛小盆友，你的名字很好听噢，有什么特别的意义吗？"出于礼貌，我立刻不好意思走了，赶紧回夸了几句："叔叔你很先进呀，还会直播，会弄声卡！"他也开心得不得了。

这种聚焦性带来人性底层的需求——存在感，实在太强了，远超过以往任何社交媒体能带来的即时满足感。那么，原先商业交易中为了满足存在感而买单的行为，在直播互联网里会被数倍放大。

即时性：直播加快信息交互

说到即时，不得不说直播所带来的信息交互效率实在太高了！如果说，做图文内容再发出去，能得到用户的反馈，已经算信息交互速度极快且有即时性，那么直播则比传统的社交媒体更快。因为它不用剪辑、处理再上传，而是直接面对面。当你在直播间表现自己的时候，用户也在直播间直接给你反馈——评论、点赞、刷礼物，或者关闭直播间走掉。

如果你做得特别好，用户还会转发出去再邀请他的朋友进来。尤其是小程序直播，能在对话框里直接转发进直播间的入口，交流与传播的即时性更强。如果是事件类的直播，基本上能让新闻类的媒体望而兴叹，因为你的镜头已经在即时跟随着事件向外界传达了。

而这种即时性，能让商业的效率变得更高，比如你说起一个东西特别好用，粉丝就能在直播间嚷嚷：“别啰嗦，说价格，上链接！”老罗第一次直播就曾经被吐槽过：“别不好意思，说价格。”

高浓度：直播瞬间信息交互量巨大

相对于图文媒体，短视频媒体的信息浓度已经算大的，但它的周期漫长，需要创意、脚本、拍摄、剪辑、上传后，才能对外传达出一个核心信息。而直播浓度则远超短视频，一是线上直播间，有经验的主播会将类视频包装的边框、音乐、底图、文字等信息先包装好；二来运用丰富的插件，还能即时显示字幕，甚至有动效欢迎新进的嘉宾；三是主播对用户的评论、提问和提出需求的响应需要即时回复。除了主播想讲的内容外，大量用户与主播实现了内容的众创。因此，它的浓度远超过一切精心设计的视频媒体。

在这样的高浓度袭击下，很少有用户在直播间不会冲动，不管是冲动消费还是冲动打赏，直播的浓度场景下，商业交易的动力也大幅提升。

临场感：直播代替客服、导购

孙来春在尝到直播的甜头后，已经决定要在线下门店开始装修直播间，并且让店长、导购们，能在店里进行直播。说实话，这样的服务很好，早在微信能够视频通话时，有时候忙碌起来不能到店采购的人们，也会采用微信视频通话的方式，直接让店员在店内挑选并用快递直接送到目的地。

而直播风潮一来，让购物场景更轻松——不用出门了，店员替你在店里逛着，甚至还帮你换衣服看搭配效果，如果有质量方面的问题，还能及时进直播间询问店员，客服都能通过直播来解决。

对经营者们来说，这也是好事一件。原来一天店里一个导购只能接待十几个人，毕竟面对面时，一对一的体感比较好。现在在直播间，就算热度比不上大网红，但一天几百个人的来访，也是原来的数十倍。

由于有临场感，信任度也容易得到解决，商业效率大幅提升。

真实性：直播把团队推向用户

做产品、做销售的人，最忌讳自己骗自己。在传统的社交媒体、商业交易里，无论用户怎么留言或评论，都不是面对面沟通。有时候团队成员很容易为了逻辑自洽、自我安慰，把用户留言解读为对自己更有利的方向。

在直播中，这个解释权退隐了，毕竟客户是即时在线当面“怼”，那么团队对用户的感受也更真实，在决策上也更能面对真实。

真实地感受用户，能倒推商品的生产、产品的创造更满足用户的需求，促进产品的不断升级迭代。

复合度：直播压缩内容生产成本

说起复合度，相信许多内容生产团队会喜欢这个特征。

李佳琦“破圈”的首要原因，是他把直播中一些有趣的内容重新剪辑发到了抖音上。尤其是那些魔性的语句：“女孩们！你们的魔鬼又来咯！”“OMG，买它！买它！买它！”许多不看李佳琦直播的人，也能准确地复述这两句话。

这就是直播内容再次复用的好案例。在直播过程中，往往有许多精彩的瞬间，当它被记录下来后，经过再次剪辑处理，我们的短视频内容也就完成了，大幅度地压缩了内容生产成本。而且直播的时间长，生产出来的内容多，能够再次被复用的素材也多。对于要大量制作内容的团队来说，真的是一件很愉快的事。

正是因为这六大特征：聚焦感、即时性、高浓度、临场感、真实性、复合度，直播对一切商业的改变将是深层次、高效率的，它将重新打造出更多颠覆式的场景，将“人－货－场”重新洗牌再造。

2.2

“直播产品”的可想象空间

虽然有很多人认为“全民直播”这件事很可疑，但直播产品依然值得探索。

直播产品的定义

在开始探讨直播产品这个重要概念前，我们复盘一下产品的概念。

产品：在广义互联网里，产品不仅仅是商品，它是和用户发生接触、发生关系的链条。在前几次的互联网浪潮中，产品的形态曾经从 PC 网站到手机 APP，再落到简单的一个社交媒体账号，或者如今的小程序上。每一步的前进，都将我们推向更前端一点，让我们更靠近用户。

因此，我们不妨提出一种新的概念——直播产品。

直播产品：以直播为手段，为用户提供发生接触、发生关系的链条，可以输出内容、服务、商品。

别着急拒绝新的概念，所有有效的尝试，都在新概念被提出的情况下，被有志之士们为之所动，纷纷从四面八方开始行动，最终将一个新的、美好的生态完成。

这是创新最可贵的地方，如果一切都依靠过去的经验判断，如今你也不会站在人类发展的新起点上。

有声有色的什么值得买？

直播产品的闭环大逻辑并不复杂，见图 2-1。

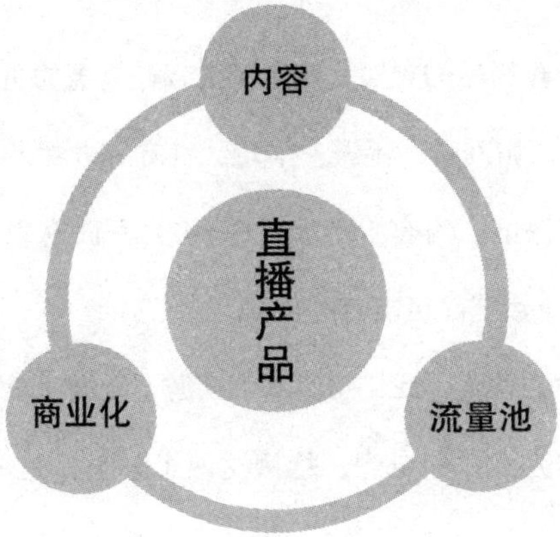

图 2-1　直播产品的闭环

直播产品由什么构成？在我的浅见里，它依然是由内容、流量池、商业化三者完成闭环的。

当然，教育也许是你会想到的典型直播产品。毕竟在疫情期间，在线教育是增长最疯狂的一个行业。又或者是直播卖货，毕竟现在一窝蜂地认为，直播比一切互联网产品更靠近商业，更不需要好的内容，只要会卖货就可以了。真的是大错特错！这只是短期现象。

如果说，之前传统的直播秀场只是“搬到线上的歌舞厅”，传统的直播电商只是“有声有色的聚划算”，那么，接下来的直播也许是“即时的搬到线上的电视台、相声馆、电台”，也许是“有声有色的‘什么值得买’”。其内容和可想象空间只有比你现在认为的更加需要脑子，需要有更强的表象力，不会更少。

B 站玩得很大

我们可以看看 B 站的直播。即便现在 B 站直播的负责人仍然是依赖传统直播的路径，用网游、手游、陪玩、打赏等办法冲刺 KPI。但作为内容质量一向有保证、内容生产者（UP 主）一向有思想的平台，B 站很能体现出未来直播产品可能有的风向。

在 B 站直播的首页，我们可以看到网游、手游、单机、娱乐这 4 个正常的直播内容分类。而电台、绘画这两个分类，是 B 站特有的直播内容，见图 2-2。

图 2-2　B 站直播的分类

如果单独将电台分类拿出来，都有可能成为语音类直播产品。换句话说，如果喜马拉雅直播化……是不是一个很可观的商业可能性？

再来看看娱乐分类。在大部分人的眼里，娱乐直播无非就是唱歌、跳舞、吃播、户外旅行。但在 B 站的娱乐直播分类里，有 3 个特别的分类很值得大家参考，见图 2-3。

图 2-3　B 站娱乐直播类目

这 3 个特别的分类就是视频聊天、学习、映评馆。视频聊天主打主播通过出镜的方式和用户交流，其实有点脱口秀的味道。在这个分类里可以看到许多意想不到的大咖们，比如人民文娱——人民日报 100% 控股的环球日报旗下的媒体矩阵，在“五一”假期里请到了孟鹤堂、周九良在直播间“破次元”对话，见图 2-4。

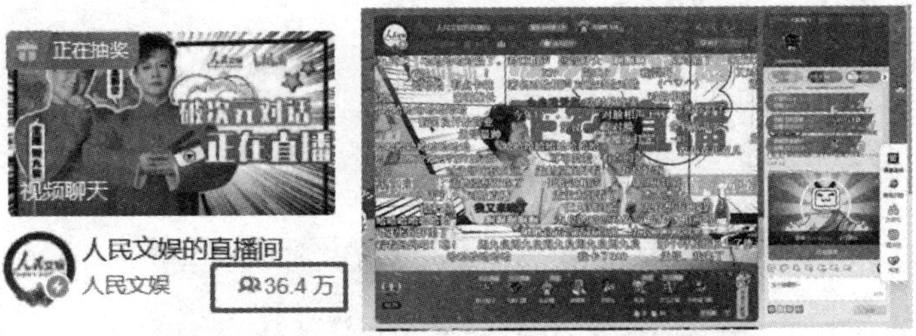

图 2-4　孟鹤堂、周九良在人民文娱的 B 站直播间

还有腾讯的可视化产品组组长张晓翔，不定期在这个分类里分享职场心得，见图 2-5。

图 2-5　腾讯张晓翔的职场分享

如果说人民文娱、张晓翔是为我们提供了内容呈现的可能性，那么湖南卫视率先执行的直播式综艺，浙江福建率先做的政务云发布、云招商，就将社会关系、商业关系打包进了新的直播场景。人与人之间的信息交流成本更低，效率更高，信任的交互程度也更高。

素人的直播未来

我用一张词云图来表达一下自己想象的直播产品未来，见图 2-6。

图 2-6　直播产品未来想象

真的是许多东西都可以用直播再做一遍！不仅仅是卖货，不仅仅是教育。我们作为普通人，即便不做常规媒体产品，而是以独特的个人 IP 来呈现，吸引到同频的人，并为他们提供服务，也是极好的。建议你还可以看看学习和映评馆这两个分类，自己正在读书、考研、学习，或者是播放一些喜爱的电视、电影，间接输出观点，也是极好的内容输出方式。

同时我们还能观察到，在输出内容的同时，许多主播会建立自己的 QQ 群、微信群，或者是吸引用户沉淀到自己的其他渠道上，流量池因此而形成。

商业化部分，除了直播中最为直接的打赏、礼物外，知识付费、产品转换也是很好的选择，毕竟直播只是将你更快捷地推向用户，但这并不改变商业交易的核心本质。

让我们展望一下，直播产品可能会各有什么形态，你又会是其中的谁呢？

2.3 公域直播和私域直播究竟是什么

很多非互联网行业从业者，比如传统实体业者、品牌人员等，有的时候会特别讨论互联网人，就是爱造词。搞了闭环、场景、流量各种词汇出来后，又搞了新名字：公域、私域！

简直太过分了，生怕别人听懂！

在看过那么多直播故事后，我们进一步分析直播互联网，以及如何拥抱直播互联网。在此之前，我们就需要了解一下公域直播和私域直播。

什么叫公域，什么叫私域

在社会伦理学里，私域与公域是指私人生活领域与国家或社会及两者的关系。

私域即私人生活领域，是以个体独立人格为基础的私人或私人间活动界域。

公域有两种含义，一是指国家，二是指社会或黑格尔哲学中讲的市民社会。

社会作为公域，是拥有平等自由权利的私人们通过交往活动所构成的公共生活领域。在这里，每一个参与者都能自由地发表意见，捍卫自己的正当权益。

后来，公域、私域这两个概念被运用到了互联网领域。主要指公域流量、私域流量这两种概念。

参照伦理学里的概念，公域流量是指在互联网上（无论哪个平台），拥有平等自由权利的私人们，通过信息交互活动所构成的互联网公共空间。对运营者们来说，它不属于单一个体，而是被集体共有的流量。我们常见的公域流量有 5 大板块，见表 2-1。

表 2-1　公域平台分类

平台分类	平台名称
电商平台	淘宝、京东、网易考拉等
内容聚合型平台	腾讯新闻、网易新闻、今日头条等
社区平台	百度贴吧、微博、知科、简书等
视频内容型平台	腾讯视频、爱奇艺、抖音等
搜索平台	百度搜索、谷歌搜索等

私域流量即指在互联网上，以个体独立人格为基础的私人影响范围，由于更倾向私人、不受平台控制或算法推荐，常见的私域更多是在微信个人号上，通过微信朋友圈、微信群，以及小部分的公众号、视频号来完成运营闭环，见图 2-7。

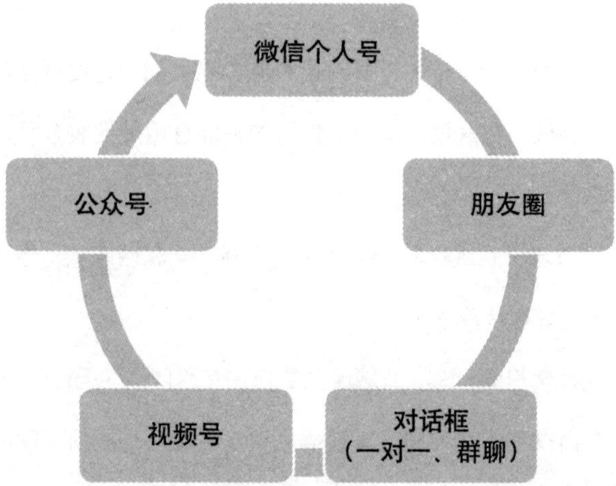

图 2-7　私域闭环

私域流量可以反复利用，可以自由触达。2019 年年初，由于公域流量越来越贵，大量的和私域运营有关的概念十分火爆。生活中一些小场景能让你更快地理解私域。吴晓波老师就曾经讲过一个故事：有一次，他夜里写稿写得很饿，看到微信里一个做小龙虾外卖的老板，于是就和对方下单让他送夜宵到家。大家就觉得奇怪了，为什么大家想加吴老师的微信加不到，而小龙虾老板就加到了呢？其实人家根本不认识吴老师，只不过是一次吴老师到他店里吃饭，前后好几次老板换了好几种话术引导吴老师加微信，最近出了大绝招：买单的时候扫码加老板，当场减 5 元。

作为经济学者，吴老师自述：当时觉得加了马上就能省，也不亏呀，大不了一会儿再删掉。于是就扫了码，加上了好友。由于不好意思当面删掉，然而一扭头就把这事儿给忘了。平时老板也不发广告，只是偶尔分享一些店里做的美食，看起来也不让人讨厌。于是老板就成功地把吴晓波变成了自己的私域流量之一。

从这个案例中，可以看出以下 3 个具体场景：

没有人愿意扩充自己的微信列表，只为了加一个小导购。

没有人会拒绝即时福利、优惠，如果诱惑足够直接，那么再难邀约的人也可以当面邀约。

加了人之后不能一直做广告，和领域相关的好内容可以分享；提供持续价值，想删掉你的人就会手下留情。

因此，私域更需要做精准运营，也更适合做个人 IP，打造一个活生生的人物形象。品牌做私域，也适合把品牌与具体人物形象结合起来，如找一个金牌店长、金牌总监等承载。

具体什么是公域直播、什么是私域直播

粗略地理解完公域与私域，再来了解一下什么叫公域直播、私域直播。

对应公域流量的概念，公域直播可以直接理解为：在公域流量平台上进行直播。在 2020 年以前，大部分人对公域直播的理解是需要把产品上架给各平台的网红主播，付坑位费，并且给到主播较低的专享价格，由主播来直播产品，再销售给主播的粉丝们。当时，大量商户并不觉得直播是自己能做的事——那是网红们的专业和世界，咱们做好产品就好。后来亲自上阵卖内衣的“老男人”、深圳的江华曾经就这么认为。

2020 年疫情爆发后，出于自救、复工复产的需求，大量商家的创始人自己下场直播，此时才真正有公域直播、私域直播的场景之分，或者说私域直播此时才真正出现。

那么，公域直播都有哪些平台呢？见表 2-2。

表 2-2　公域直播平台分类

平台类型	平台名称
电商平台	淘宝、京东、拼多多等
短视频平台	抖音、快手、西瓜视频等
原传统直播平台	YY 语音、虎牙直播、斗鱼

在这些公域平台上，原来就有大量玩家存在，对新入局的人体验上可能不太友好，尤其是因为疫情而想动手介入直播的商家朋友们、运营方朋友们，需要一一进行了解。

私域直播真正爆发，是在 2020 年 2 月 28 日。小程序团队悄悄地上线了一个小程序直播组件，让依靠微信生态做商家服务的 SaaS 供应商们都激动了起来，纷纷上线直播服务，并靠此大捞了一笔。而在早前春节后，腾讯直播团队的产品“看点直播”就打着官方的名义，疯狂地在全国推广自己的直播通道。

看到这里，你是不是有点迷茫？小程序不是腾讯的吗？腾讯直播不也是腾讯的吗？虽然是叫看点直播，不也是用小程序来直播吗？

别着急，腾讯内部有许多正在提供直播技术和服务的团队，包括企鹅电竞、看点直播、小程序直播等。由于腾讯是一家“赛马制”的公司，哪个团队能跑出来，就哪个团队上，因此这些团队也非常疯狂地用各自的办法来成长。

其中看点直播最疯狂。因为是号称官方，注册时，也只能通过官方认定的 5 家服务商链接来注册，所以 5 家服务商也各显神通。其中有些人以微商的方式来拓展，出售线下代理权，找地方站的站长们购买代理权，再由站长们提供服务商的专用链接向商户收取开通费，通过腾讯给的返点赚取利润。

那么，根据私域流量的概念，私域直播基本限定在微信生态内，各家技术服务商为了在微信里传播，只能嫁接小程序技术。所以不管是看点直播还是企鹅直播，又或者其他类似有播、爱逛等新出现的直播平台，在微信里传播都是以小程序的方式来呈现的。

目前私域直播的布局见表 2-3。

表 2-3　私域直播布局

平台	优点	缺点
看点直播	1. 官方品牌。 2. 商家进来后的流量相对独立，几乎没有被分流出去的可能。 3. 有资质限制，普通个体开通起来较为麻烦	1. 消费者购物只能跳转到腾讯指定的店铺软件，如微店、有赞或其他官方服务商。 2. 消费者购物后会被店铺软件引导到下载，直接从直播间流失。 3. 目前只支持苹果客户端

续表

平台	优点	缺点
爱逛	与有赞深度合作，原来采购了有赞的商城服务可直接再采购直播模块	1. 费用每年交，不划算。 2. 与别的主播共享信息流，拉进直播间的客户回到首页后，可能会进入别人的直播间
有播	2019 年 9 月成立，面向各类小 B 店主打造素人直播解决方案，与爱逛类似，若要试一下直播的手感，开通比较方便	1. 要开通主播容易，但只能销售有播类的商品，要销售自己的商品，依然要提供资质，要寄样品去审查，并且要交保证金。 2. 与别的主播共享信息流，拉进直播间的客户回到首页后，可能会进入别人的直播间
自行研发小程序	1. 微信小程序团队提供了直播组件，可以找靠谱研发服务商，自建独立小程序，含有直播、商城、裂变等功能；不需要向有赞等 SaaS 商缴纳每年的年费，一次性投入。 2. 拥有独立空间，不需要和别的品牌共享信息流	1. 如果有研发团队，需要时间成本去了解微信的研发及申请规则。 2. 如果没有研发团队，需要懂得如何和外包服务商沟通。 3. 你可以找非黛老师帮你解决
未完待续……应该会有很多创业团队在这个服务领域涌现		

微信的力量还是很可怕的，尤其是它的流量闭环。如果说你在自己的朋友圈推广直播间，任何一个平台的直播间都无法像小程序这样能如此直接的跳转，因此，做私域直播，也是你建立私域流量的一个机会。

2.4 立场决定你选择不同平台，场景决定输出的信息

了解完公域直播、私域直播，接下来我们来了解一下如何做选择。认真建议，公私域都不要放弃。先来看一下各大平台的特征分析，以便判断要如何选择，见表 2-4。

表 2-4 各大平台特征分析

平台类型	直播平台	特征	获客方式	流量	电商功能
电商平台	拼多多直播	更接近小县城、小城镇类用户，适用原先追求好价格的拼团用户	按权重推公域流量	内容专题很重要	拼多多自营功能
	淘宝直播	直播间有粉丝才能做得很好，如果没有粉丝就需要花钱买流量	按权重推公域流量	推荐位很关键	淘宝平台
短视频平台	抖音直播	日活 4 亿左右，集中于一二三线城市，适用于客户在一二三线城市的产品	按权重推公域流量	内容策划很关键	淘宝、京东、抖音等
	快手直播	日活 2 亿左右，适用于客户在四五六线城市的产品	按权重推公域流量	号要先有粉才能有量	快手小店

续表

平台类型	直播平台	特征	获客方式	流量	电商功能
原直播平台	YY 旗下：一件	YY 直播是国内网络视频直播行业的奠基者，但倾向游戏、秀场直播，据消费日报报道，注册用户达 10 亿。当年打游戏用 YY 的人年纪都大了，上面卖珠宝、玉石、陶瓷等非标品，帮助了非标垂类商家带货同比增速接近 400%	按权重推公域流量	依托 YY 生态中庞大的娱乐粉丝的流量，通过直播购入口，最好依托公会及主播	YY 自建
私域直播	微信直播	适用于本身客户比较多的产品，是私域流量传播	私域精准裂变激活	朋友圈、公众号、社群	微店、有赞或自营小程序
其他活动类直播	各地广电的云直播	信号清晰，直播技术较为成熟，平台属性弱	靠媒体硬推	无来源	自建

依照表 2-4，下面来慢慢分析。

再次强调，本书所写的内容均适合连锁商家、政务服务、会员激活、线下个体、品牌营销、微商代理等传统商业业态，要拥抱新的商业形态，水深有坑，还是“潜水”学习了再入行比较好。至于专业 MCN 机构、内容创作者、原先的直播从业者则可以草草浏览，看看新出现的客户们的需求。

先说原则：公域引流，私域变现

在分析每个平台前，先来看一个概念：“公域引流，广撒网；私域变现，做下单。”可以牢牢记住这句话！尤其是原来自己没有网红，只有客服和导购的伙伴们，在公域做直播，遵守公域的规律，服务公域的用户，建立自己的形象与信任度，巧妙地导流到自己的私域，见图 2-8。

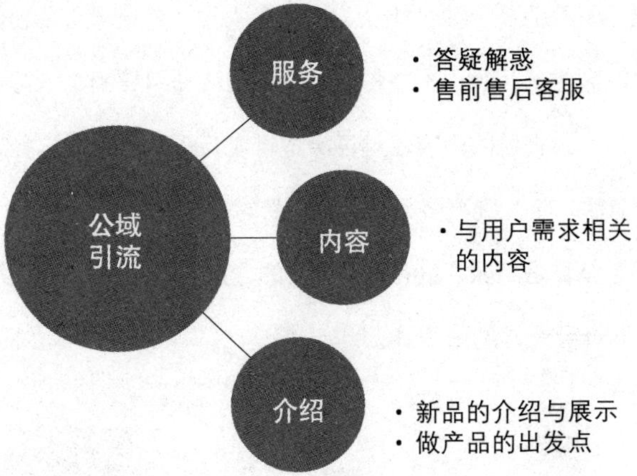

图 2-8　公域直播规划

所以，值得提醒的是，现在大家满门心思都是直播带货，但往往就是这时，应该冷静一下：公域直播场景，除了带货外还有其他想象，最好是做好服务、做好持续服务。

至于到了私域场景后，也应该是在全力保障用户权益与自身利益共赢的情况下，做好下单及服务，见图 2-9。

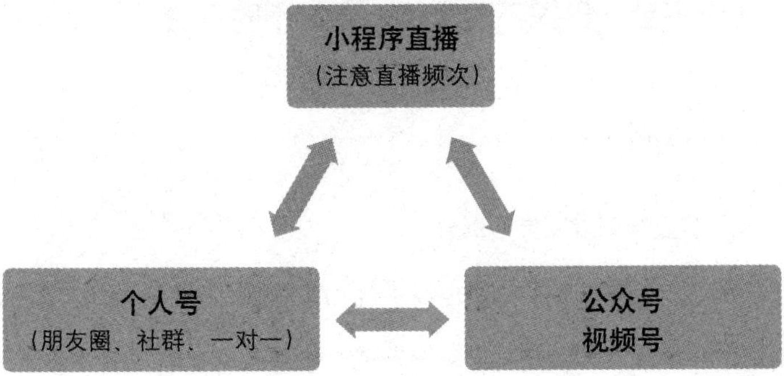

图 2-9　私域直播场景

通过小程序直播为事件由头，激活个人号、公众号上的粉丝。再通过直播中的裂变玩法吸引更多粉丝进来，用活动引导到个人号、公众号上沉淀。最后，直播的内容还可再次剪辑成为视频号的内容经营，通过视频号的算法，曝光到更多大众中，让新的流量进来。

所以，就算是私域，也有裂变增长的方式。因此，公域和私域之间，应该有个混合导量，见图 2-10。

图 2-10 混合导量

把战略分清，接下来就是一一挑选了。

再说平台：根据不同定位，选择不同平台

先说说电商大平台。

1. 淘宝直播（以淘宝为例分析）

作为领跑带货直播的顶级电商平台，淘宝已经遥遥领先好几个身段，无论是用户基础、产品功能、后台管理，还是达人生态，全网最优。正是如此，它适合有家底的大公司、老电商玩家。

此处有坑：淘宝如今的门槛已经太高了，一方面，没店，没达人号，就必须要做好 6 个月都入不了门的准备；另一方面，高手云集，头部 100 个能卖货的网红已经固化，薇娅、李佳琦、张大奕的影响力几乎无法撼动。

建议：

（1）找主播，适合有店的商家，谈好是否可以有效引流，自己的店也要做好承载流量的准备，当然，淘宝直播用圈内的说法，能真正带货的不超过 10 人，小心缴纳的坑位费打了水漂。

（2）做店播，本质就是客服直播，传统文字客服、文字详情页的升级版。创始人自己下场也挺能吸引人的。拿我自己来说，好几次夜里睡不着，上线看到创始人，甚至还有个副县长深夜还在播，忍不住也买了东西。

（3）没有做过电商的、各类线下实体店的商家，赚了大钱再上淘宝直播还来得及，现阶段先活着！

如表 2-4，拼多多更接近小县城、小城镇类用户。所以，适用原先追求好价格的拼团用户，现在开店门槛也比较高，本质上越来越接近淘宝。

再来说说短视频平台。

2. 抖音直播

短视频起家的抖音，2019 年就曾经有个投资人和我说，他只看好抖音直播，当然见仁见智，目前只能说抖音的直播相对稳定，泛娱乐的类别依旧是头部。罗永浩的带货直播，其实是抖音打算大杀四方的一个信号。

此处有坑：

（1）用户习惯：抖音本来是个娱乐媒体平台，用户的主要习惯是消费信息，而不是购物，虽然老罗带领着抖音带货直播正在成长，但目前卖货转化率依然不高。

（2）抽成比例：据悉，抖音电商分成比例分别是：抖音抽取10%，淘宝抽取6%。因此，你的选品最好要高于30%才有盈利空间，如果佣金太低……

建议：

（1）做好内容：总的来说，抖音的流量还是相当好的，是适合做公域引流的平台。只要视频做得好，直播有内容，可以零成本获取流量。另外，如果做不出爆款内容，只要“内容简洁凑合，舍得投钱”也可以带来粉丝转化——要巧妙地在评论、私信里设置引流动作。

（2）做品牌宣传：由于平台特征，适合做品牌、做宣传。找一些有人气的达人、能代表产品精神的公众人物，做好策划，能做一次漂亮的曝光，再将事件作为其他平台营销的噱头。

3. 快手直播

做GIF图起家的快手，一直都是互联网各大平台中的一枚奇葩，据说转化率奇高，退货率奇低，对大多数中小微商家来说，做快手依然有机会。不过要进入快手直播，必须先把自己的快手号做到一定的粉丝量。

此处有坑：

(1) 快手要先做视频内容，视频内容还要能符合快手特征、快手语境，积累一定的粉丝。

(2) 正在建立快手自己的闭环：2019 年 7 月开始，站外 CPS 交易收佣金 50%，快手小店收 5%。因此，新入坑的势必要在自己原来电商平台的基础上，再开一个快手小店，多一项运营成本。

(3) 客单价较高的产品暂时比较不适配。

优势及建议：

(1) 用户下沉：一直以来，快手被津津乐道的就是它的用户相对下沉，有不少还是互联网新用户，或者新电商用户，因此相对有红利——用户相对容易信任，转化率高，忠诚度高。

(2) 机制公平：相对抖音来说，快手的内容生产没有那么高的门槛，特别是刚刚起家的普通人。但反过来说，简单粗暴生产出的内容也有后遗症，毕竟在监管部门的政策和网络舆论面前，谁都不能太突破底线。2020 年 4 月，快手一哥散打哥、辛巴等网红就纷纷宣布退居幕后，虽然不都是因为监管，但多少都有相关因素在其中。

原传统直播平台就不单独列讲了。除了 YY 语音略有动作外，斗鱼、虎牙直播虽然都在 2020 年三四月份称要重启直播电商。但在主播队伍、生态链、供应链的准备上，目前很难看出端倪。未来可能会有与众不同的表现也未可知。

导购直播：平台型、连锁型企业的好选择

孙来春亲自上阵直播后不久，整个团队开始发展直播能力。尤其是导购全员培训，轮流上阵，接待的客户量是原来线下店面的数十倍。

因此，对连锁型企业、平台型企业（含微商）来说，如果能建立自己的线上导购直播商城，就相当于把线下的连锁店开到了线上，给导购们增加了接触用户的新可能。只要通过一些技术设置、运营手段做好流量区隔，让店与店之间不至于产生抢客现象，建立导购直播团队、导购直播平台是相当合适的。

首先是技术，50 人同时开播的技术，导购直播机制建立的关键，在于拥有一个自己的小程序直播商城。继 2020 年 2 月 14 日、2 月 24 日两批次的小规模邀约内测之后，2 月 28 日，微信小程序直播能力启动公测。因此，企业可自行研发商城小程序，或者通过第三方服务商，让自己快速拥有自营直播商城小程序。

很多商家一听到直播就会问：“在微信里面直播门槛很高吧？”“需要什么资质吗？”“操作麻烦吗？”没关系，大家可以直接找非黛：“门槛低，不需要直播资质文件，20 分钟即可上手。”

不需要上传资质，微信官方会有一些标准，可自动检查商家。符合标准的商家可以直接在小程序管理后台看到直播菜单并且可以实现直播的功能管理和运营，比如说创建直播间、添加商品、查看数据等。

如果你不确定自己是否符合要求，非黛的团队可以包办全过程。

特别提醒：直播类型的商品是要经过官方审核的，时长一般是 1 ～ 7 天，商品入库上限是 2000 件，每天审核 500 件，见图 2-11。

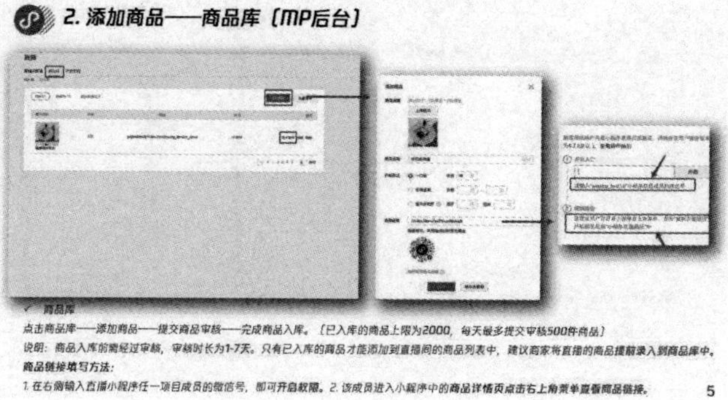

图 2-11　小程序后台上传商品

小程序后台，直播功能，创建直播间，可同时为不同门店创建直播间。以下为创建直播间的后台界面，见图 2-12。

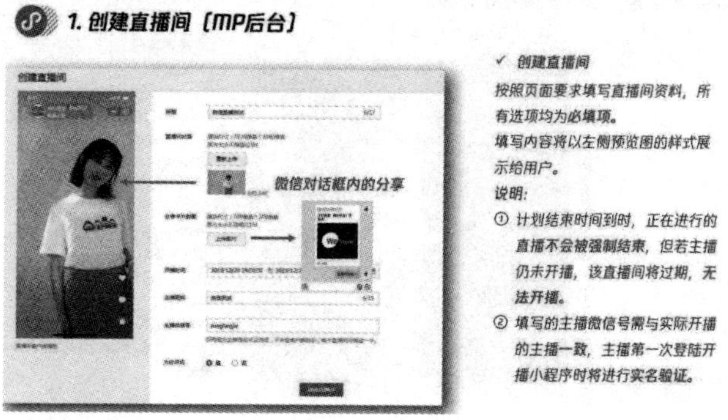

图 2-12　小程序后台创建直播间

可以为该“直播门店”添加直播商品，最终跳转到小程序商品页下单购买，见图 2-13。

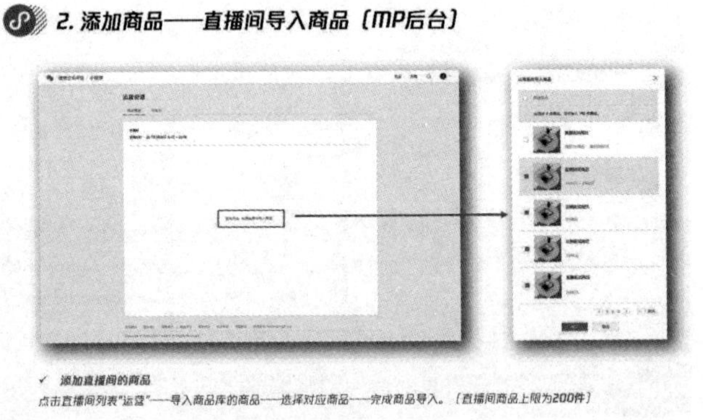

图 2-13　为直播间导入商品

创建直播间之后，主播开播前需要做实名验证、直播调试，然后才能发起直播，见图 2-14。

图 2-14　主播开播端要求

边看边买，实现流量高频变现

小程序的直播间上有提供购物车的按钮，当用户点击时弹出购买的直播商品，再点击商品进入详情页。

这时直播画面会以悬浮窗口形式出现在当前页面上，而且不会影响顾客下单购买，用户可以通过点击悬浮窗口回到直播间，边看边买，让直播转化效率更高。

同时，在线直播介绍产品，既生动直接，主播又可以随时与顾客在线互动答疑，十分适合导购们转型做主播。

在你拥有了自己的“线上云门店”后，新型导购主播们也需要及时迭代。从产品话术、直播对话话术、直播间互动游戏、直播间营销手法等各方面进行培训，以便体系化地拥有主播能力。

政务直播：别做努力的假动作

不出所料，各地政府也开启了疯狂的政务直播。从某种程度来说，一窝蜂上有时也是大好事，至少从思想上重视了，就怕不敢做、怕麻烦不做。

据悉，到了 5 月份，还有一些地方政府，不是十分重视直播，主官着急，一线人员质疑，也有可能是面对找上门去提供服务的团队太多，鱼龙混杂不好判断。要高效切入有效直播，还需要一定的时间。

另外，政务直播的要点，还应该注意别做努力的假动作。别做一次性的努力，应该站在大产业管理的角度，为整个区域的经济发展考虑。

我们通过表 2-5 来作对比。从大品类来说，可以分为主题直播、带货直播、综合直播。

表 2-5　各大品类的直播

主题直播	带货直播	综合直播
各类主题发布会：云招商、云发布、云推介等，管理类型直播等	各类主要产业产品销售类型直播，目前以助农为主	有主题要求，有商业交易，未来政务直播大方向
社会效应为主，产业效应为辅	产业效应为主，社会效应为辅	政府带头，以激活产业重视新业态为主，产业效应与社会效应兼具
为了推行某一思路、理念，发布重要信息，激活集体认知	为了向外界推荐自己的某一产业及产品，让货“走出去”	让“货走出去，人带进来”
需要仪式感，有内容亮点	需要产品质量过硬，有源头优势	既重视仪式感，又要有源头优势产品
精准触达相关人群	广泛覆盖消费人群	从精准人群裂变到广泛人群
短期活动	短期活动	长期运营

第一种直播方式，在疫情过后最先涌现，由于不能太频繁互相流通，有一些城市就开始了云招商、云新闻发布会等操作，这类直播往往由广电、报业以及融媒体中心承担，大家都非常熟悉其整体流程和套路了，此处不再赘述。事实上传播的云发布、云招商依然有可优化的空间，把“要我看”转成“我要看”，可以用上最新的小程序直播，抛掉原先陈旧的

直播链接页面，多些新形式的互动和内容策划，如需垂询，可登录新浪微博找 @ 非黛。

第二种直播带货，应该是疫情之后最火爆的，堪称县长百团大战。这类活动也值得鼓励。前文说到的假动作大多出现在这类场景里——提供这类服务的中间商团队实在太多了，难免鱼龙混杂，一线执行人员也不好判断，干脆用强硬的姿态保护自己。

需要提醒的是，多注意第三种综合直播，或者叫产业直播平台的打造。在一些理念先进的地方政府，如浙江一带，针对当地特色产业，人才培养、技术扶持、政策扶持、产业对接已经建立起完整体系，并且坚持将流量、数据留存在本地，也就是建立自己的产业直播平台，让内销能健康地“跑动”起来。为他们的灵敏触觉、强执行力点赞！

第3章

日常直播：

5大注意事项和运营路径

如何做好日常直播的布局？本章重点讲述直播的流程设计，如何策划直击人心的主题，如何做好从选品到上架等环节，如何规划传播要素与路径，如何做好直播间装修以及人员调配，手把手教你将直播落地。

在前两章，我们看了案例，分析了各平台的逻辑，探讨了直播产品的样态和品类，从而推断我们自己如何做好直播布局。相信你已经做好了基础的开播准备。本章我们就来讨论一下，日常直播产品的设计关键要素，需要做什么准备、运营路径如何，又大概需要怎样的人员配置。

因为有太多垂直品类和方向可以探讨，所以本章不和大家讨论应该选择什么样的方向与品类。毕竟这个要根据你手上的资源情况、用户需求而定，不能简单地通过阅读一本书拍脑袋而定。

本章将围绕一个基础直播产品设计的每个流程来进行分析，见图3-1。

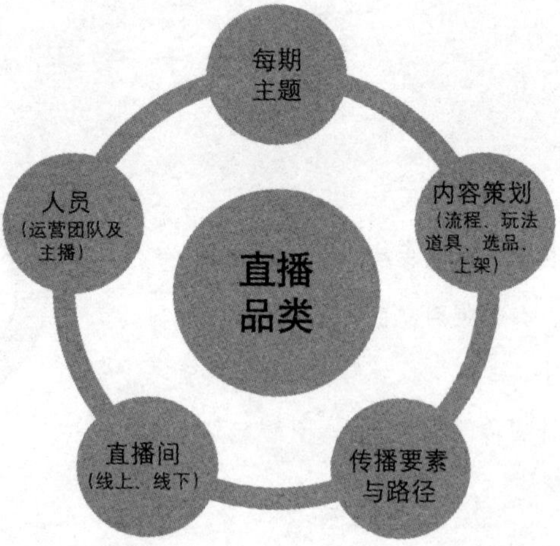

图 3-1　基础直播产品设计的 5 大重要环节

3.1 直击人心的主题设计

俗话说："直播选题找得好，流量全都跟你跑。"那么，直播的选题有没有公式可言？见图 3-2。

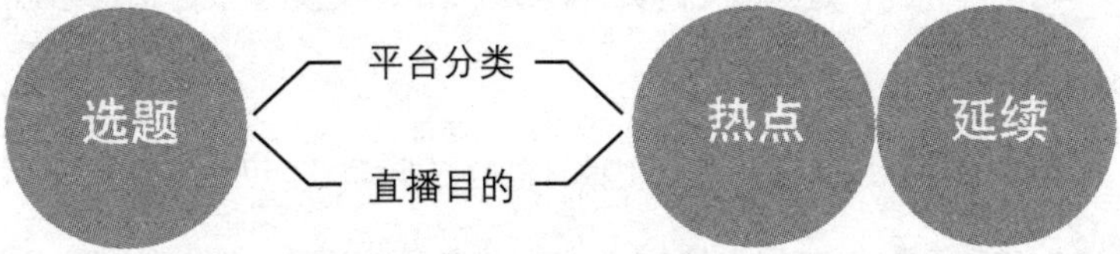

图 3-2　直播选题公式

简而言之，直播选题的关键可以这么记：牢记目的，符合分类，抓住热点，保持延续。

牢记目的，符合分类

虾仁文化的创始人李伊是一个非常优秀的 94 后小姑娘。她的虾仁文化旗下有近四百名主播，并且在短时间内成为触手平台上的十大优质公会。关于选题，她就斩钉截铁地告诉我，直播的用户比任何内容形式的用户都没有耐心，拔腿就走是常态。因此，选题首当其冲的一个原则就是：符合自己所在平台的归类。

举个简单粗暴且夸张的例子：你是做零食的，却选择了服装分类上架，虽说爱看衣服的人也吃零食，但用户的首要目的是看服装，场景和目的决定了他们不会去看你的直播。

如何选择正确的分类？重要的是牢记自己的直播目的。尤其是在公域范围，更要记得选择正确分类。

做直播电商，那么你可能是种草主播，也可能是商家本身，根据自己擅长的分类和平台的归类，进行对应的选择。

做内容直播，是唱歌、跳舞、娱乐、知识，还是游戏，根据你想成为什么样的主播来做选择。

如果是在私域范围，那么根据自己的商业模式、用户画像，做一次精准命名和画像，对外传播时，时刻打出自己的标签。比如江华，他经常会在不同的私域直播工具上做直播，但必打的标签是“内衣”，这也算是符合自己的分类。

由于用户是带着目的进行分类选择的，因此如果你做的内容不符合分类，一来平台不会做推荐，二来用户也会觉得题不对类，不是自己想要的，所以就不会进来观看。

抓住热点，保持延续

先从保持延续说起，选择了正确的分类后，你可以在这个分类里不断深挖自己可以延续的内容体系。

比如你选择了做 B 站视频聊天中的读书 UP 主，那么，你的延续性就在以读书为体系的范围内。在这个基础上，再去深挖热点。

1. 结合自身资源直播热点话题

一样是热点，根据定位、分类、目标和资源的不同，输出选题的方式就应该不同。比如，你是娱乐类的主播，当某明星出了一个事件后，你完全可以发起一场街头采访的直播，采访对该明星的看法。如果你是做服饰类的主播，当下的选题可能就是：该明星的服饰搭配分析，等等。

注意点：通过直播来展示热点话题，需要调动发散性思维，通过有趣有料的形式来展示直播。拥有地域、绘画、心理、校园、星座等直播资源的主播，可以根据自身优势，策划不同角度的热点直播内容。

2. 在生活中发现直播选题爆点

生活常新，身边每天都有新的事件发生。比如半夜昙花一现的全过程（图 3-3），又如我们在 2016 年做过的一次直播——“网红夜探博物馆，和木乃伊深夜‘聊天’。”迄今为止，依然是腾讯直播曾经全国置顶过最有趣选题之一。

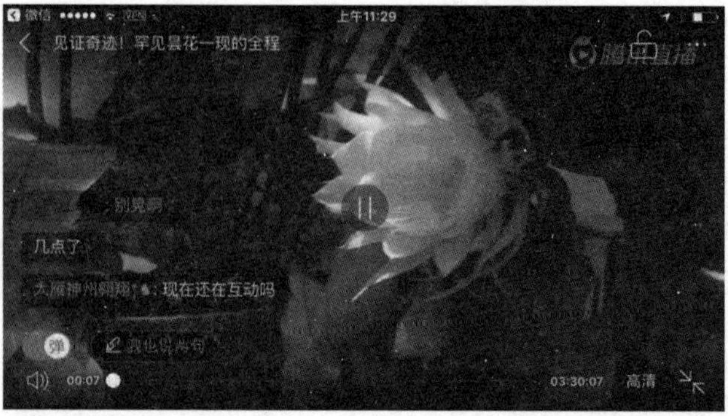

图 3-3　半夜昙花一现的全过程

注意点：不是所有生活场景都适合直播，一定要新奇有趣！

3. 反差感越大直播越有趣

不妨用跨界思维来做直播选题策划，可以站在大众视角策划有反差感的直播。

比如今年“五一”，大量的旅行主播无法像以前那样，直播高大上的出境游玩。于是不少人回到乡村，直播一些在农村人看来很常见的事情：挖笋、抓鱼、用荷叶裹鱼烧烤……让在城市里只能带着野餐套餐在小区绿地上拍照的人们十分羡慕。

通过跨界思维，再结合当下热点元素，一下子就可以引爆直播话题。去发现身边那些能与自己的产品、内容形成反差感的东西，自己创作新鲜感。

注意点：直播选题拒绝平庸，欢迎大开脑洞，宁可作死，不要平淡！

3.2 内容策划：选品、流程、玩法、道具、上架

如果说直播主题是直播的核心，那么内容策划就是核心的完整体现。整场直播的内容需要围绕中心主题进行拓展，如果内容策划与主题不符，导致内容很泛，让粉丝不知道你的核心是什么，那么观众很容易流失。又或者因为标题而进来的观众，发现在聊的并不是标题中的内容，一秒之内他就会离开。

要知道，在公域直播领域，就算是李佳琦、薇娅这类的大主播，平均的用户停留时间也只有 17 秒而已！

如果把内容策划做精、做准，让进来的用户能留下，留下的用户能转换（传播或买单）。需要我们注意这五点：选品、流程、玩法、道具、上架。

选品

对直播带货类的直播内容而言，选品和选题是鸡和蛋的问题，大主

播有主动权，可以根据自己的选题来决定今天配合的选品；如果是腰尾部主播，有可能只能专门为选品来策划选题。

但无论如何，选品——即直播的过程中要卖什么，本身就是直播内容的一个非常重要的元素。比如我在私域做一个和直播知识相关的节目“CEO 播客”，平时只讲讲相关的趋势、判断，但是我的观众们依然会在直播间不断地购买书籍、脚本、策划模板……所以，如果你是做直播节目或直播内容的，也不要放弃选品这一工作！

注意点：选品一定要围绕直播主题，比如你今天的主题是“夏季新品发布会”，那么你的整个内容都要围绕着“夏季新品”而来。就算是配套的奖品，也要符合主题。在直播中，是否有诚意，观众们都能感受得到。产品可以是新款上市、季末清仓、反季促销，根据企业性质和顾客群体都不一样：年轻的注重款式，适合当季；年长的注重性价比，希望以超低价格购买反季产品。通过实践，个人建议以适合当季为主，满足顾客的当下需求，以反季商品为辅，做限量秒杀，以此满足其他不同的顾客群体需求。

参考选款：当季主推、反季成本价秒杀变现。

流程

直播正式开启后，一定要注意后台音乐的选择，就像正常营业的店铺一样，音乐不宜选择太嘈杂和太安静的音乐类型，而是应该选择节奏适中的走秀音乐。直播正式启动其实就是以主播为主场，所以前期主播选择也尤为重要，当然这也是场控需要全场关注的时候。

以下为直播启动后的流程，结合不同的平台，其中细节会有些调整，但是整体的流程可以完全复制。

1. 开场互动

开场前第一步，主播介绍当天的直播活动主题、活动内容、产品优惠，以此吸引粉丝停留在直播间，而且是在开场前 10 分钟引导粉丝关注、转发的同时不断地介绍，目的是让新进来的粉丝了解今天的主题。

2. 氛围暖场

为了吸引顾客停留在直播间，除了介绍活动主题，还必须和直播间的伙伴进行互动，先送一波的礼品。比如倒计时送 5 个蓝牙耳机，抽出第一步苹果手机等这样的一些活动，可以更好地吸引顾客留在直播间等待，从而产生销售的机会。在互动时尽量在直播间叫出对方的昵称，这样更容易引起共鸣。

3. 产品推荐 or 内容输出

暖场结束后需快速导入到产品推荐。直播和我们在店铺做销售一样，先破冰，再进入产品推荐。模特穿版整体展示，主播介绍整体的搭配，从产品四大维度（款式、颜色、面料、细节）分开介绍核心卖点，重点讲解产品对顾客的好处，最后营造氛围并公布直播优惠价格，让顾客感受到产品实惠。切记第一套产品要特别实惠，但不要选择 1 元秒杀的活动产品，价格公布完立即催促下单，这是一个连贯的过程：模特展示 –

产品讲解 – 公布价格 – 引导下单。

4. 中场造势

中场适当安排抽奖、送礼品的活动，要知道让顾客全程在直播间看商品推荐是很难的，所以需要通过造势让粉丝留在直播间。其次场控实时关注在线流量，在高峰期时适当开展活动，但主要目的还是催促引导下单。

5. 结束引导

临近结束时，需再次引导粉丝关注，公布下期的直播优惠活动。值得注意的是，切记要再次催促下单，只有我们不断地引导顾客下单，顾客才会产生购买的行动。

6. 注意事项

主播：

（1）引导顾客关注并转发直播间。

（2）关注在线人数的高峰期（高峰期需要不断引导下单）。话术：一定要直接拍下，因为添加到购物车待会儿就没有尺码了。

（3）产品介绍完成后，报价格 – 改价格的连贯性以及表情和声音。

（4）保持良好的心态，直播间一定会有黑粉，不需要关注黑粉的负面信息，多关注产品咨询等正向的评论。

协助人员：

（1）模特上场后产品原价和直播优惠价格需要立即公布在白板上。

（2）每套产品时间控制在 10 ~ 15 分钟，控场人员注意提醒。

（3）主播备用手机需要及时准备。

玩法

在直播的小游戏中，互动游戏内容很多，甚至在很多平台上，已经为你准备好了各种抽奖、截屏、大转盘的互动功能。在第 5 章有各种玩法的详解，可以参考。

道具及上架

根据上述的玩法、流程、游戏、内容，我们还需要准备一些日常可标准化的工作。

1. 道具

配合主播形象、直播间、互动或抽奖需要的一些道具，可有常规的全年都存在的装饰性道具，也可有主播可以拿来作互动的物料，如卖萌用的兔子耳朵，玩游戏专用的牌，或者品牌曝光的背景板等。善用道具，能更快速地打造自己的 IP 形象。

比如我们提到的 B 站职场主播张晓翔，他的道具就是……一只活猫，有了猫出现在画面中，整体互动都温暖了很多。

另外，还有一些重要道具和物料，是配合抽奖、讲解折扣、规则或者流程专用 KT 板，主播们根据自身直播内容调性进行设计。

2. 上架

在直播前，需要做好三个准备，一是企划排版上传至直播平台，添加商品信息，到直播时主播倒数公布价格在后台修改成直播价格；二是主播提前写好产品卖点和台词，在开启直播后进行开场预热、介绍本场直播活动内容；三是通过首轮抽奖吸引顾客关注接下来的直播内容。

3.3 规划好传播要素与路径

所谓的传播要素与路径，听起来很拗口，其实就是直播预热和宣传应该怎么做。第 6 章我会进行详细的拆解和讲解。本节由于是日常常规直播的准备工作，优先解决常规直播中你需要准备的各种传播物料问题。

通过私域激活

无论是公域直播还是私域直播，你都不应该放弃私域的传播途径。尤其是日常直播，在私域传播，可以培养核心粉丝们的观看习惯。

私域的场景很多，除了朋友圈和社群，还有公众号、视频号或者一对一聊天。避免对粉丝个人界限太过分地骚扰，建议克制地使用一对一推送，除非在他们非常需要的情况下。

对于场景即，朋友圈 + 海报，在朋友圈的场景内，建议多采用图片海报方式。为什么要选择图片，而不是图文链接或者视频呢？

这里面至少有 3 个原因。

（1）图片相对于图文链接和视频，或者声音等，在朋友圈的展示尺寸更大。

（2）无论是图片，还是图文链接或者视频，都是信息传递的介质。图片你只需要看一眼就能获取绝大多数信息，而图文和视频都需要你点开才能获取信息，仅从一个标题你是无法判断内容的，尤其是在新媒体圈标题党盛行的情况下。

比较以下这两张图，见图 3-4、图 3-5。

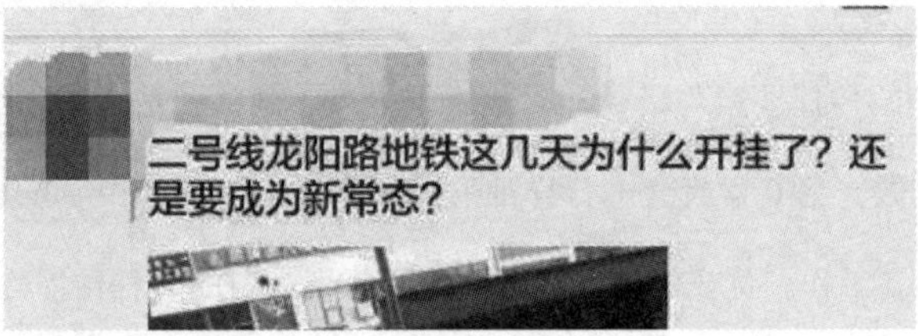

图 3-4　朋友圈分享的图文链接

图 3-5　朋友圈分享的图片

两相比较，图 3-5 中的图片所传送的信息量更大且更直观。

（3）在转发上，图文链接和视频同样会多一个步骤，而每多一个步骤，就会少一些转化。

场景：社群 + 小程序卡片 + 群代办

将小程序卡片转发到社群，会比将海报转发到社群效益更好一些。原理同上：比海报少一步，海报需要点开图片，再识别二维码。而小程序卡片只需要直接点击即可进入，见图 3-6。

图 3-6　小程序卡片

同时，群主可设定群代办的提醒。群员只有点击小程序后，才能完成这一群代办，至少确保了一次强打开率——对强迫证来说尤其有效。

至于进直播间后能否留下他，就看你自己的咯！

在这一场景下，重要的有以下两个物料。

（1）小程序卡片的标题，即直播间设定的标题。

（2）小程序卡片的封面，根据规则，应为直播间的封面。

与海报异曲同工的是，封面也要简洁高效，直击用户痛点。

值得一提的是，如果你选择在私域做直播，小程序自带的 Push 功能，能直接发送到订阅者的微信里，提醒他下一次你将开播什么，所以，还要记得这个链路。

注意公域的展示位

对于公域的展示位，各平台有各自不同的规则，这里只能提醒大家，注意关键的位置。请根据自己经营的平台，进行规格调整。

1. 封面

B 站显然是比较重视封面的，认真对待封面的主播，通常能收到好的反馈。封面上的信息与标题可以相辅相成，以吸引用户、点亮直播内容为主要原则，见图 3-7。

图 3-7　B 站封面示例

在淘宝上，好的封面也是十分能吸引用户的，但与其他平台不同，淘宝的封面更倾向高清的产品图片、主播写真图片，因为在淘宝的页面设计上，标题与摘要都给了极大的位置。

微信小程序的封面主要体现在小程序卡片上，场景就是群里，设计原则是群里的人看到封面后愿意第一时间点进来。

2. 标题

利益点是让人接受的特点，能给人带来直接利益或间接利益。

在淘系语境里，淘系运营们会用“利益点”的办法来引导商家做文案。比如除了标题外，在图片上要显示出用户能得到什么“利益点”。

直播的标题，就特别需要运用“利益点”法则，即把用户能得到什么，在合理的位置表达出来。

首先，运用好“利益点”法则有两大作用：其一，准确定位直播内容；其二，引起用户的观看兴趣。

在标题规范内，怎么使用“利益点”法则？

（1）字数：不少于 5 个字，不超过 15 个字（有的平台不超过 10 个字）。

（2）一句话形容直播内容亮点，避免空洞无物，没有信息量的散文标题。

（3）把用户最关心的主播亮点（是否有明星）、产品亮点、促销亮点放在标题上。

（4）利益点可出现在摘要、图片、标题或传播海报的副标题上。

（5）利益点不要与直播标题相似，要有差异；卖货可侧重于促销力度，非卖货也要直接说明用户能得到什么。

来看看这个案例（来自腾讯直播的内部培训），见图 3-8。

图 3-8　标题和利益点示范

标题：秋装（结合时令）上新 | 小个子少女（目标人群）魅力四射（利益点）

文字简洁不啰嗦，戳中部分用户“痛点”，让目标人群感觉自己与直播内容有关，产生共鸣，有代入感。

图片上也有利益点：爆款好货全店买一赠一，大额促销力度吸引用户。

再看一个反面教材，见图 3-9。

图 3-9　标题和利益点错误示范

标题：只看标题不明所以，看不出直播内容，看不出产品和品牌。

图片利益点：标题与利益点信息重复。

3. 活动

各大直播平台，都会有主题运营活动，尤其是公域平台。淘宝在平台运营上，一向以“鼻祖”著称，比如平台大促销：“双 11”“双 12”、年货节之流。

而在公域直播，活动最不应该错过，这是在平台上薅流量、薅收入最好的入口。

以淘宝为例，会有以下几种不同级别的活动可选择（每年的政策和运营策略不同，供你有个基础印象），见表 3-1。

表 3-1　不同级别的活动

活动级别	活动类型	举例说明
S+	平台大促	“双 11”“双 12”、年货节
S	直播大促	超级排位赛、直播品类日
A	行业大促及直播平台日常活动	了不起的客服、直播内购会
B	行业 & 直播主题活动、品牌活动	天猫水品类日、兰蔻 BA 大赛

而其他直播平台，常见的活动有打榜、礼物冲榜返佣等，要多研究平台规则，根据规则把流量、收益计算好。

4. 打赏

“你我本无缘，全靠你刷钱。”新晋主播罗永浩有一阶段的话题，全都围绕着“被富婆打赏 100 万”，两位富婆——“小鑫鑫老师”与“周文强太太”两名抖音用户在老罗直播间一掷千金，见图 3-10。

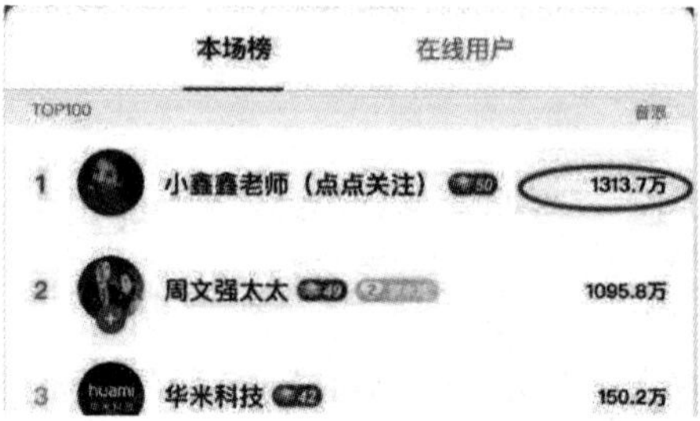

图 3-10　罗永浩直播间打赏排行榜

新抖数据显示，平日里增粉最高速度只有 2000 人／天的“周文强太太”，在 4 月 10 日当天增粉 3.8 万，是平时的近 20 倍；而“小鑫鑫老师”的“目的性”则更明显一些，资料显示这是一个刚注册的新账号，从 4 月 10 日老罗直播当天起，她才开始陆续发布短视频内容，一天之内就实现增粉 40.7 万。4 月 16 日，她在老罗的直播间卫冕礼物榜冠军后，粉丝数量更是直接达到了 65.73 万，见图 3-11、图 3-12。

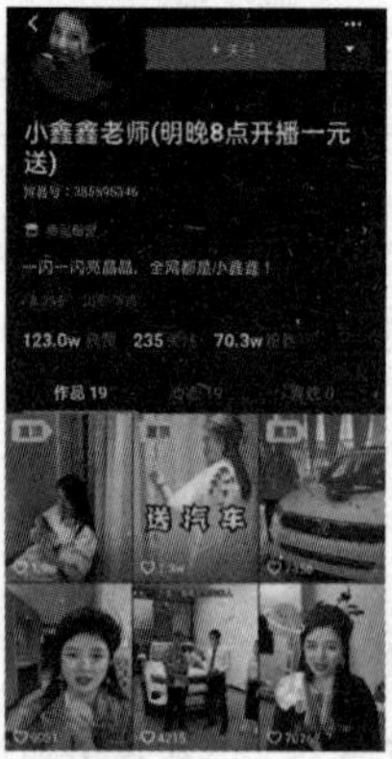

图 3-11 “小鑫鑫老师”抖音主页

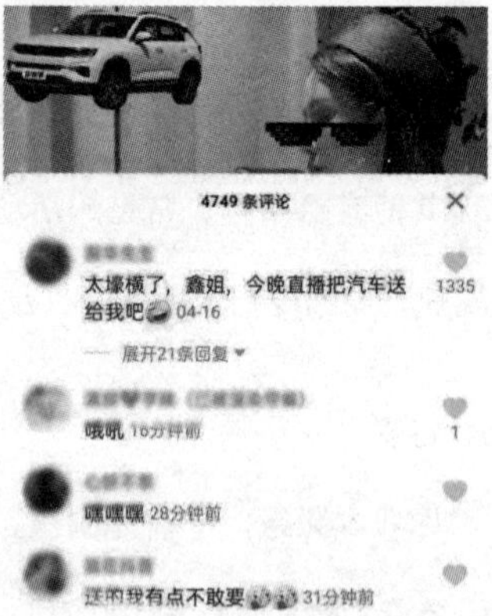

图 3-12 “小鑫鑫老师”评论下要求送车的粉丝

小鑫鑫老师的 6 条视频均围绕着其给罗永浩、表哥（覃进展）、高火火等抖音头部主播进行高额打赏。接下来就开始露出真容下场直播卖货。这位神秘且任性的富婆，其实早就已经是直播赛道里的“老玩家”了。根据百度百科显示，2016 年 11 月底，小鑫鑫老师便正式成为一名淘宝主播，迄今为止坐拥 20.12 万粉丝，与其他淘宝腰部主播相差无几。但现在她通过这种“野蛮”的方式，意外地脱颖而出，在原先赛道拼不过头部的李佳琦、薇娅，靠老罗一战成名，未来的想象空间就有大不同了。

在直播业内，这种玩法往往是出于对流量的需求，这种行为被称为“挂榜”，可以追溯到 2018 年，它其实是源于直播的另一种玩法——连麦。

5. 连麦

2018 年，快手为了增加用户在平台上的互动性，提出了红人 PK 的规则，即两位主播可以通过直播连麦的方式，号召粉丝进行打榜刷礼物比拼输赢。这看似是一场人气的比拼，但其实也是增强粉丝流动性，大主播“带带”小主播的好方式。

2019 年 10 月 11 日，快手主播小沈龙曾有过一场电商专场的直播，鼓励电商们在直播间里通过刷礼物打榜的方式，获得与他一起连麦并帮助电商们卖货的机会：大主播的直播间直接上线购物车（俗称“小黄车”），由主播引导粉丝进行购买，有时还会上演“价格拉锯战”，用低价再次刺激粉丝的购买欲望。

连麦的办法有点像赌石，要考核这位主播的粉丝画像是否与自己契合，导流过来的粉丝能否接得住。并非每次的投资回报率都会很高，而且由于刷榜导流，平台也会受到伤害。现在快手就对这一行业在逐步规范。如果希望自己所做的事情更成熟、更长久，还是要通过优质内容培养孵化主播，用有价值的作品维持粉丝黏性。

另外，直播的宣传要讲究临期节奏感：制作宣传引流海报，在开播前 1 小时发动全员转发至朋友圈、微信社群，开播前 5 分钟继续转发预热。

3.4 直播间装修：线上和线下都重要

在疫情发生后，大量的布展商简直陷入了绝望，展会不开，商家也没有费用参展。北京的一个展商朋友和我说："简直不知道从哪里开始自救。"像他这样的朋友不在少数，后来脑子灵活的布展商第一时间开始发广告：帮商家在公司装修直播间。

没错，其实在直播大潮中，直播间的装修是一件重中之重的事。不仅有线下直播间的装修，还有线上直播间的装修。要做好一场直播，并不是如外界所说，随便拿一部手机，架起一盏灯，就能解决问题。

直播的基本要求是好看

不管是直播卖货，还是直播秀场，甚至是各种直播领域出现的新生物，不得不承认，直播这个领域比其他社交媒体更残忍的是：颜值依旧占首位，好看是绝对的优势。

专门做直播间装修的黄禹就直揭真相："直播基本的要求就是要好

看，要美颜。”见图 3-13。

图 3-13　装修好坏的直播间区别

好看的直播间装修，包括灯光、背景、环境、收音……看图 3-13 即知，装修好看的直播间和装修不好看的直播间，带来的观感完全不同，结果也就完全不同。

以大主播薇娅为例，她的直播间在层高很高的房间，晚上直播时吊灯射下来的光线很弱，直播时常出现阴影。黄禹带领他的“装修队”给薇娅设计了高清直播系统，当天她直播的首饰销量为 20 万单，远超以前手机直播。也正因此，越来越多的淘宝主播开始找黄禹和他的“装修队”，让他们帮忙改造自己的直播间。一来二去，黄禹停掉了自己的直播，专门做主播直播间的装修业务。

好的直播间装修，有几个基础条件，大家可以参考以下指标。

1. 基础硬件

直播场地：20 ～ 40 平方米，或相对宽敞的空间（实在没条件的情况下）。

背景墙：简洁、暖色、舒适；不建议使用白墙，因为灯光不好把控，反光强。

网络：分别是有线、无线或者 4G（5Mb/s 以上）。

2. 直播环境

光：光感清晰，明亮。

环境：背景干净、敞亮、可视物品整洁。

另外，软装也要符合主播的气质（主色调、场景道具）。软装的装修是根据场地的大小来定的，比如背景可以用墙纸来代替，成本低，最好根据主播的喜好以及商品的色泽来定颜色与风格。如果确实需要降低成本，那就在直播间镜头中能看到的画面范围多下功夫，不必整个场地都追求完美化设计。

3. 补光灯

具体打光以环境为主，但至少有 1 个顶位，2 个低位，以及直播美颜面光灯（即圆形环状美颜灯）。

4. 场地空间规划（货品陈列、设备摆放）

货品的陈列：货品的摆放，主播的搭配。

设备的摆放：主播和直播设备距离设定好，不要随意变动，要做好记号。

线上直播间装修

对于日常的小型直播来说，不做直接拿手机播放的话，不涉及太多线上直播间的装修。最多是注意标题与封面，各大平台都会提醒：标题、内容和封面不能涉政、涉黄、赌博等违规内容、欺诈信息或广告绝对化用语（比如世界级、国家级、最等用语）。

然而，一旦你想做得更专业，能切换更多信息量，那么下面的内容你就必须要注意了。

5. 硬件

（1）开播手机，1 台——无所谓配置，只需要能开播。

软件：看点直播

（2）摄像头手机 1–2 台——镜头较好，高清。

软件：美颜相机、轻颜等

（3）监控手机 1 台——无所谓配置，可看直播间即可。

软件：看点直播

（4）推流电脑 1 台，必备软件。

软件：OBS、音乐软件

（5）麦克风，电容麦声音比较好听。

6. OBS 基础参数设置 – 竖屏版

（1）点击 – 设置。

（2）点击输出：参数设置见图 3-14。

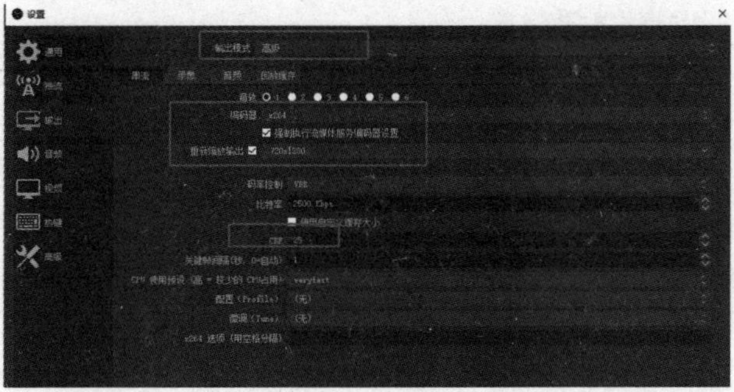

图 3-14　竖屏版设置

（3）音频参数设置，见图 3-15。

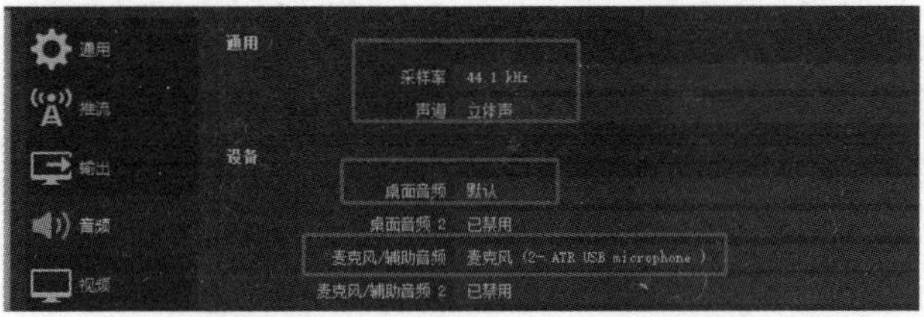

图 3-15　桌面音频能抓取电脑的所有声音

（4）视频参数设置，见图 3-16。

图 3-16　视频设置的关键参数

如果步骤（2）里没有设置，只设置了步骤（4），其结果就会变形。

（5）各种热键设置，根据操作习惯而做。

7. OBS 推流参数设置

各直播平台的推流码的形式，见图 3-17。

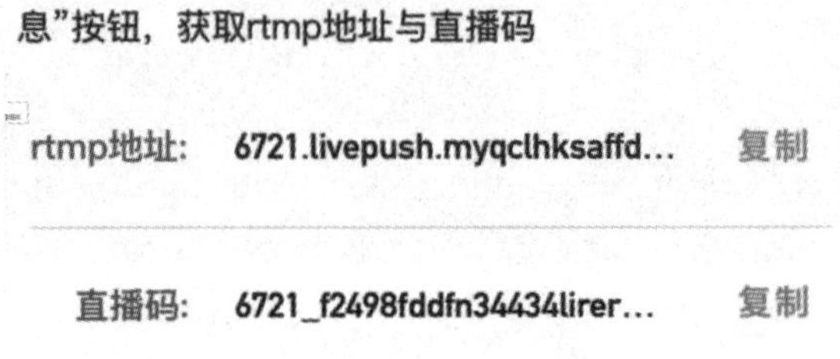

图 3-17　各直播平台的推流码的形式

在 OBS 后台设置推流码的位置，见图 3-18。

图 3-18　在 OBS 后台设置推流码的位置

8. 屏幕各来源获取及发布

（1）调整到工作室模式，见图 3-19。

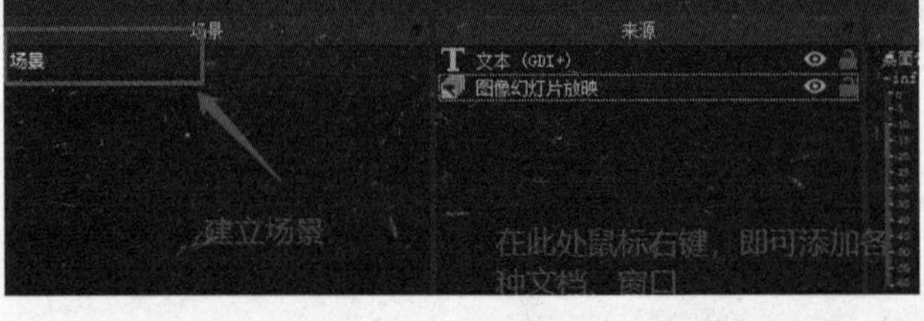

图 3-19　在工作室模式下建立场景

活动开始前预热：通过图片、视频，均可预热。（预热环节也可以空镜头放着拍，摆一块板展示，或者有一位小编先和观众互动。）

图片预热 - 在场景中添加 - 图片幻灯片放映 - 幻灯片大小比例设置为 720×1280，图片文件提前准备好，添加上即可，见图 3-20。

图 3-20　设置幻灯片放映

视频预热，需提前准备好比例为 720×1280 的视频内容，鼠标右击添加媒体源，见图 3-21。

图 3-21　视频播放设置位置

（2）屏幕显示注意事项，见图 3-22。

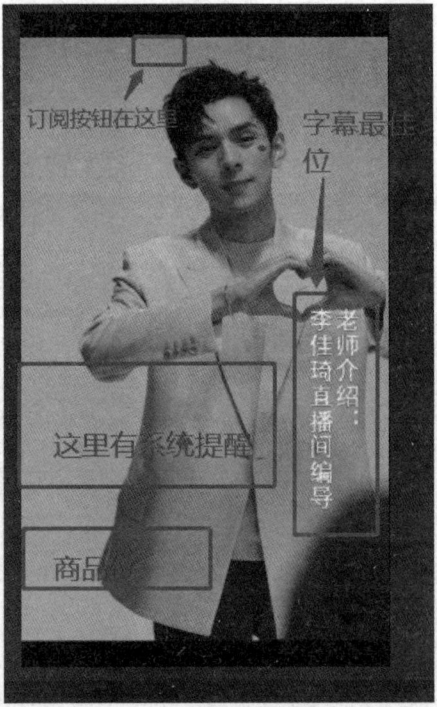

图 3-22　屏幕可发挥的空间

9. 音频设置

电脑里安装音乐播放软件，可以直接播垫乐，有一些节目效果，由中控台人员自己根据情绪判定，如鼓掌、笑声、感谢等声音，可以先预设好，放在软件里。在这个场景下，其他的电脑软件，如 QQ、微信等提示音均应该调整为无声，见图 3-23。

其音量控制，依旧是通过软件的音量来控制。

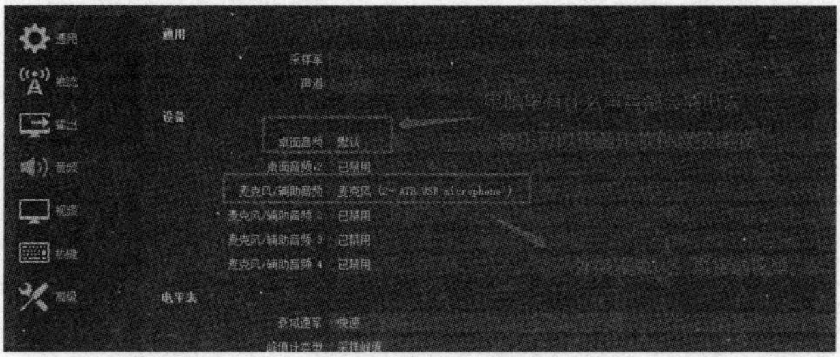

图 3-23　音频参数设置

如果说话声音太小，则通过调整麦克风音量解决，见图 3-24、图 3-25。

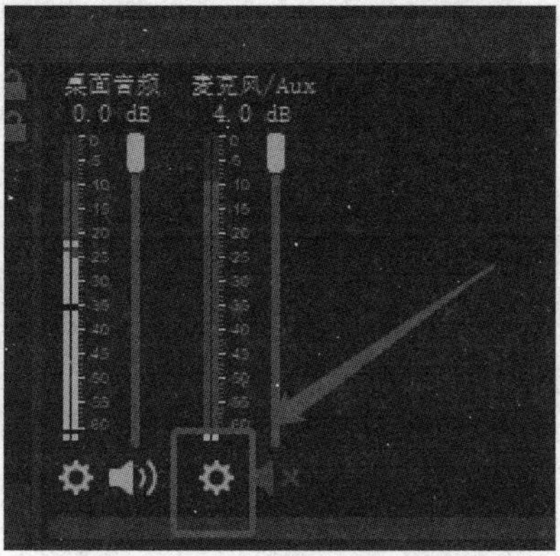

图 3-24　点击图标齿轮，点击高级音频属性

图 3-25　调整麦克风音量

10. 出镜设置

需要在电脑上安装 iTools 软件，点击 iTools 中的工具箱，安装苹果录屏大师 AirPlay；确保手机和电脑在同一个局域网内，长连充电线；通过手机上的屏幕镜像，将手机投屏到电脑上；打开手机上的美颜相机、轻颜相机等，出镜嘉宾就可以美美地上镜了！

怎么把出镜嘉宾投屏到电脑上呢？在场景中添加“窗口捕获”选择这个选项即可，见图 3-26。

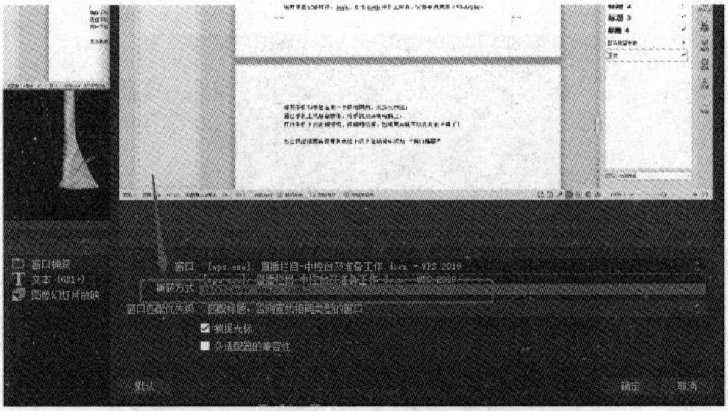

图 3-26　如何获取屏显

如果需要多机位，目前的解决方案只能是外接一个摄像头到电脑上，可以有两个机位，或者是通过多个手机，安装 iTools，分别投屏，再由中控台人员分别抓取投屏窗口。

11. 关于观众画面的显示

（1）如何在多种素材间向观众切换，见图 3-27。

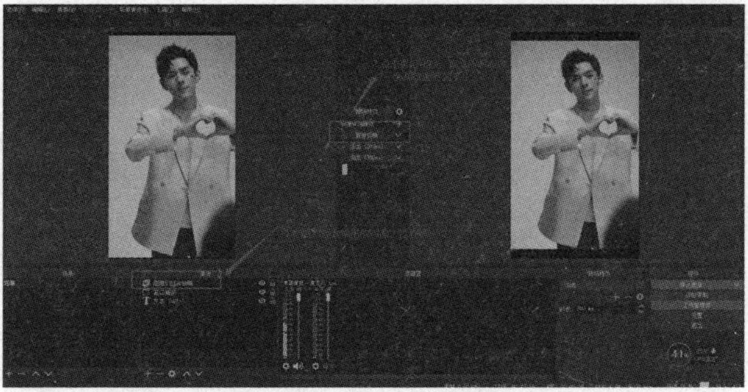

图 3-27　多素材切换

（2）关于场景工程的编辑，见图 3-28。

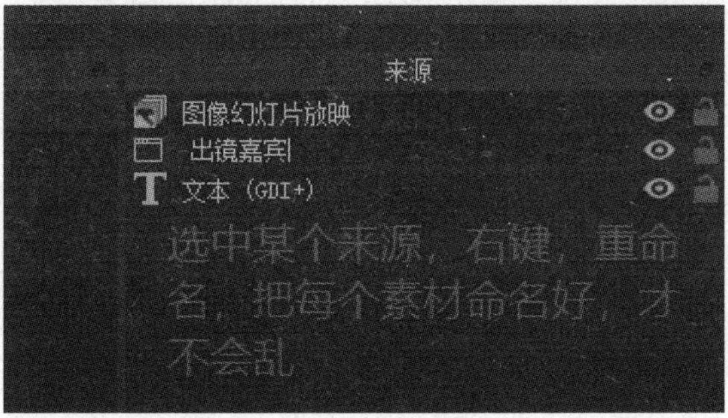

图 3-28　命名很重要

最好提前获取好各个来源——提前布场，这样在执行过程中才能无缝转换。

符合主题的出镜主播

本节的重点是寻找具有辨识度的直播 IP。如果是创始人直接上镜，事实上很有说服力。因为直播的核心是人，让网友记住的也是人。寻找具有辨识度的牛人做嘉宾参与直播，无疑是最容易形成爆款的途径。

江华，迪兰多的创始人，就将自己打造成了有辨识度的IP：会画油画还能帮女生挑选内衣的内衣品牌的男创始人，挖掘自己的特色、身边人的特色，再放大特色。这样既有热度，又有延续性。

当然，创始人不能永远都在直播间待着，所以，你要学着去寻找团队里的直播IP。也许不是明星大咖，却能让人眼前一亮。让我们脑洞大开一下：能够熟练开挖掘机的蓝翔技校美少女，工地上的励志健身少年，后厨刀工一流的大厨会一堆爆笑段子等……去寻找你身边最有潜力的那些出镜主播。

比如我们的暴躁CEO非黛播客，就选择了超会化妆和装可怜的小瑞小哥哥，出镜做她的小助理。小助理适时地在直播间要求用户除了听课、听趋势，还要记得打赏安抚非黛小姐姐——要不然怕她又暴躁起来揍小助理!

他的亲和力极强，许多用户因此加了小助理的微信个人号。这就是选择身边具有辨识度的IP。用户喜欢的辨识度是什么？在非黛的《自媒体团队实战揭密》一书中有完整分析，欢迎去打开阅读一下。

另外，本节还要告知大家：主播要知道的上镜直播妆容技巧。

出镜主播要树立良好的形象管理意识——形象管理没做好，观众就会以光速离开直播间。良好的形象管理包括：妆容、着装、配饰搭配、背景等。各个细节都必须认真对待，使直播间整体风格统一、舒适。

首先，一定要化妆，上镜妆和日常妆是有区别的。主播上镜后，五官会有视觉上的压缩感，即立体感不强了，所以上镜妆要比日常妆更加注重阴影和高光的使用，打造更加立体的妆容。底妆的部分可以选择较浅的色号，让你的皮肤在镜头前更加白皙，眼影的部分尽量不要选择红色的眼影，因为这样上镜后会显得很臃肿。

还有露出的颈部和肩膀肤色要尽量和脸部的肤色一致，因为镜头对色彩的差异非常敏感。

对于一个男主播来说，至少可以画画眉毛，这样既不会在直播中显得过于油腻，又会在无形中提升自己的颜值。另外，可以在软件中适当地开美颜。

其次，着装和背景。要保证着装、背景和妆容风格一致，不要每天都过于随意，尤其不能穿着睡衣就上阵。可以选择自己喜欢的穿衣风格，如可爱系、酷炫系、清新系等。

此外，在服装的颜色方面，鲜亮的暖色系上镜会更有亲和力，避免搭配黑色系这种容易使画面过曝的衣服。切忌，与背景颜色相近的衣服也尽量不要选择。

配饰看起来微不足道，但好的配饰会给自己的造型添上令人印象深刻的一笔，比如一顶酷酷的帽子，一个甜美的发卡，一副造型独特的耳环，等等。

所以，形象管理是一个优秀主播成长道路上很重要的一课。树立形象管理意识，多花一些心思在自己的妆容、着装、背景、配饰等方面，也能在一定程度上让自己在人群中更加抢眼。

3.5

人员配置：策划、中控和运营

在选择好直播平台后首先要确定好参与直播的人员，提前共识整体流程，做好职能分工。一场直播至少配置 5 人，以下为各岗位职责，根据实际情况可以兼任。

现场人员

运营官 1 人：整体统筹，召开定向会议。

场控 1 人：突发情况应对、职能对接等。

场助 1 人：反馈直播情况、通告最新活动。

主播 2 人：选款，挖掘直播产品核心卖点、相关话术，引导关注、转发、下单、催单等。

客服至少 2 人：接待顾客咨询、引导下单、确认顾客需求。

模特 2 人：产品展示、学习模特展示技巧。

搭配师 1 人：货品的成套搭配和配件附加、确认模特码数、跟进模特穿款及穿款。

后台企划 1 人：制作各类宣传文案及海报、商品上传、平台准备、后期订单及直播仓数据处理。

非现场人员

水军多名：负责直播热场、氛围营造、伪装顾客咨询、下单。

社群群主：直播预告、公布、回复社群顾客咨询及引导下单（活动社群和直播同步）。

宣传邀约：公司全员参与，发朋友圈宣传、微信群宣传、实体店铺宣传等以上直播各岗位人员，具体操作时可做微调。比如我们直播从前期筹划、直播现场、后期发货都是 6 个人，人员配合只要实践一场之后，大家就可以更加精准地配合。

第 4 章

大型直播活动：

如何做得既有高级感又接地气

如何将一场大型直播活动完美落地执行？本章通过活动策划、内容及宣传、网红直播、现场解决方案等 4 个部分，为你重点拆解大型直播活动的关键要素和行动方案。

本章重点面向有大型直播活动需求的伙伴们。无论你们是甲方团队，还是乙方团队，都可以以此为创意蓝本，进行全面的策划与执行。

相比日常的小型常规直播，大型直播活动要面对的场景更多，并发事件也更复杂。无论你现在是自己要做大型直播活动，或者是提供这方面的服务，一定牢记下方这张图里的内容，一场大型直播活动所有的细节和服务需求都在这张表里，见表 4-1。

表 4-1　大型直播活动所有的细节和服务需求

需求版块	详细内容
主题策划	主题端：主题； 直播内容端：脚本撰写、选品、整体流程； 营销端：营销手段、优惠政策
内容及宣传	宣传端（前后宣）：短视频拍摄、宣传稿、H5、小游戏； 传播内容端：商品宣传图文、模特宣传图册； 执行端：场景视觉设计、道具设计； 媒介端：渠道沟通、账号属性对标
出镜网红	选人端：属性匹配、出镜表现、粉丝数量、平台归属； 合作端：是否可分销，分销是否考核，是否底薪＋提成模式分成
现场解决方案	机器：摄影机、推流机、灯光等硬件； 人员：导演及助理导演（音视频导演、主播导演、嘉宾导演）配置； 推流：网络服务、转码服务； 场景：搭建、互动
对接与跟进	现场直播过程活动跟进； 电商平台、技术平台对接

4.1

活动策划：平衡各方的需求，换位思考

在开始策划之前，最重要的就是整场活动的需求分析。无论是不是直播，对活动的目的、受众的精确判断，都是一个优秀策划者的基本要求。

主题端：精准主题离不开这三点

2020 年 5 月，全国都在拼命做助农活动，某县的副县长很尴尬地给我打来电话："非黛老师，唉，别提多尴尬了，前两天做了一场县长带货直播，就 100 多人看，还没多少人买东西……"

是呀，没有经过谨慎思考，仓促就上线的活动，是会面临这种尴尬——更何况，许多伙伴只是模仿了一个表面动作，没理解到背后的深刻逻辑！和以前一样，只要是我讲，只讲深刻逻辑，就算今天换了另一种技术和另一种方式，也要让你能应用得上。

我们先来谈直播的活动策划，最重要的是要了解我们自己在这次直播活动中的需求，根据需求做好直播规划。无论哪一方发起直播活动的需求：政府、商家、品牌，其最终的目的都是品牌宣传＋转化量，退而求其次也要确保有足够的观看量。而影响转化量和观看量的因素有几点：好的激活主题、选品品类，网红主播的匹配度，主播的粉丝数、粉丝质量、直播时间、直播内容玩法。

了解咱们在此次活动主推的产品，以及在直播过程中可以支持的活动力度，比如是否能够给粉丝赠送小礼物，是否在直播过程有折扣、秒杀、砍价等能够帮助提升转化的活动支持。了解主办方所拥有的推

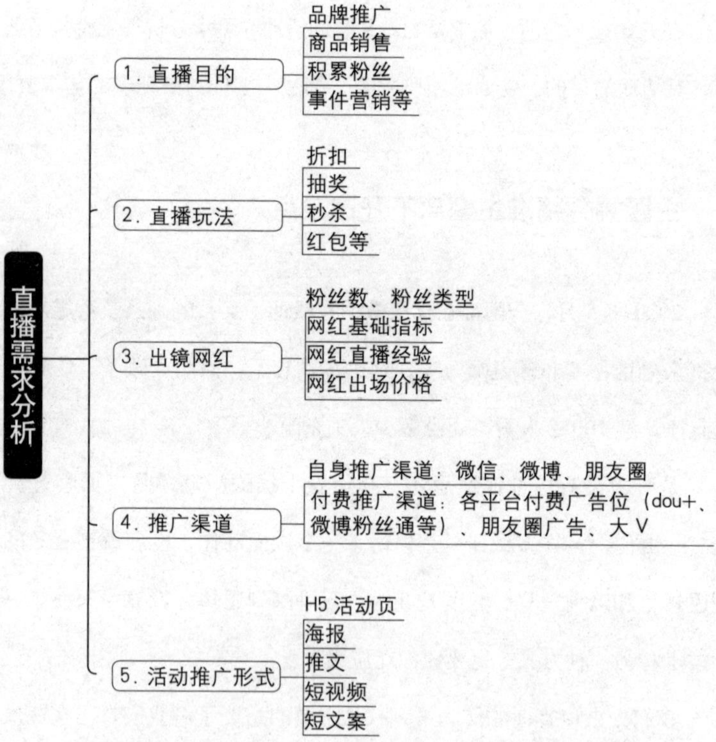

图 4-1　需求分析

广资源，提前规划内容。根据前期与主办方达成的合作协议，提前规划资源，如活动海报、H5 活动页、网红、媒体等。整体需求分析的逻辑图见图 4-1。

在图 4-1 的基础框架下，我们可以从以下三点来对主题策划进行思考。

1. 精确的市场调研

直播是向大众推销产品或者个人，推销的前提是我们深刻地了解到客户需要什么，我们能够提供什么，避免同质化的竞争。俗话说，“好的开头是成功的一半”。我们只有精确地做好市场调研，才能做出真正让大众喜欢的营销方案。

2. 项目自身优缺点分析

人无完人，项目也没有绝对完美的方案，在直播的时候要精确地分析自身的优缺点，比如对于某些知名品牌，做直播营销经费充足，人脉资源丰富，可以有效地实施任何想法。但是对于大多数的公司和企业，没有这么充足的资金和人脉储备，这时候就需要充分地发挥自己的优点来弥补。一个好的项目并不是人脉、财力的堆积就可以达到预期的效果，只有充分地发挥自己的优点，才能取得意想不到的效果。

3. 市场受众定位

营销过程能够产生结果才是一个有价值的营销，我们的受众是谁，他们能够接受什么，等等，都需要我们做恰当的市场调研。我们不能给一个耄耋之年的老爷爷执着地推销一套女士化妆品，只有找到合适的受众才是我们做好整个营销的关键。

取个好标题事半功倍

道理都懂，但标题怎么取，见图 4-2。

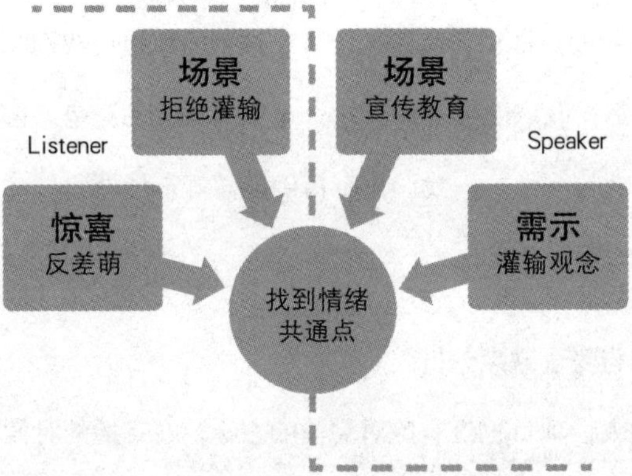

图 4-2　找到情绪共通点

所有的宣传者和所有的听众天生有冲突，一个天生地想要强行灌输，一个天生地拒绝灌输。因此，作为直播的主办方要意识到，在这个传播公式里，虽然你想要强行灌输，但是直播的受众是可以选择的，他们可以直接关掉直播间走掉。要知道，就算强悍如李佳琪、薇娅，他们的观众平均停留时长，也只有十几秒……有很多主播要面临的情况是观众来了 3 秒，不知道你在做什么，直接就走了。

因此，一场大活动，更需要一个优质的主题，需要策划者从宣传者的位置，换到受众的位置，站在受众的角度去思考怎么让受众更感兴趣。这里有三个办法让你入手。

第一，从主播入手，每个主播都有自己的特点，营销商要利用主播的特点进行直播营销。

主播对于营销商来说，拥有“推销员”和“代言人”的作用，然而并不是所有的美女帅哥主播都可以“推销”“代言”所有产品。因此，选择与品牌形象符合的主播是直播营销中非常重要的环节。

举个大家都熟悉的案例（图 4-3）：

以朱广权与李佳琦为主播的一场破次元级直播，几大巨头联手：淘宝、新浪微博、央视新闻，即便资源优势如此，他们也是十分认真地对

图 4-3 “小朱配琦”案例

待这次直播，并没有因为站在主流地位上而十分强势地“灌输”：共同战疫、为国买货等。反而是换位到了观众会有情绪共同点的位置上，利用两个主播的名字谐音，取了一个大家都耳熟能详的组合名“小朱配琦”，确实“活该”有上亿次围观！

第二，在直播中提到的话题一定要具备“讨论价值”。主播提出的话题能够引发观众共鸣、激发起观众讨论，才是真正有意义的。观众能够在讨论的过程中彼此互动，才会主动给主播留言，与主播互动。毕竟，主播的初衷就是“社交”，如果失去“社交”，直播也就失去了它相应的价值。

“小朱配琦”的优秀之处在于，把讨论价值与大家的认同感结合得十分到位。

图 4-4　认同点：感谢

（图片来源：央视新闻宣传海报）

比如图 4-4，以及他们直播间的背景图，都提到一个共同的主题：“谢谢你为湖北下单”。湖北是整个特殊时期，大家最关怀的一个地方，本身就极具讨论价值，“谢谢你”三个字又站在观众的角度，肯定大家的每一次买单，肯定大家每个举动的善意，简直是优秀至极的策划！

第三，绝对不要触碰社会的底线。由于直播营销背后需要庞大的粉丝群体来支撑。因此，部分直播平台时常会利用低俗、垃圾、消极的内容来吸引眼球。这类内容虽然不会长久保留，但是确实会带来短暂的大流量，导致一些平台不断地去触碰社会底线，靠打擦边球来获得收益。这种做法只会让直播的“寿命”变得短暂。想要直播营销可以做得长久，就必须要建立一个健康、积极、向上的直播原则。

直播内容端：脚本、选品、流程三位一体

很多人以为，直播不需要做内容，只要直接开播，张嘴瞎说就行。其实这是一个超级大的误区，做直播最忌讳的就是开播前才考虑直播的内容和活动。特别是有的主办方，商品不选、内容不策划、话术不思考、流程不规划，甚至连促销活动、价格优势都不想，把所有事情都直接扔给主播，这种做法尤为恶劣。

此外，主播在开播之前如果没有事先预习当天的直播内容和产品，那么这个直播最终呈现出来的就是不停的尬播、尬聊……所以，做直播内容，首先要解决的就是梳理直播流程，让直播的内容有条不紊，而不是处处随机。像“小朱配琦”组合，何止是基本的流程工作，连文案都精心思考，专门撰写，高能不断！

那么，内容端应该如何打造？本书后面有一章专门讲解脚本的设定和规划，本章先介绍一下原则。

1. 从目的倒推选品，从选品倒推流程

无论今天是否有大型卖货行为，在整场直播活动中，一定有你想“卖”给观众的东西：也许是品牌观念，也许是农民的特产，又或者是某种“商业模式”。

围绕今天直播的目的，将想要销售的东西，合理地安排进整个流程。而把这些想卖的东西统一称为选品。选品要紧紧围绕着目的走，互动紧紧围绕着热度走。

将所有选品列出来，按权重进行排名，前期首推什么，中期重点推什么，后期高潮的好东西又是什么。如此一来，基本就能把流程的整体概况定下来了。

接着在定下来的流程结构里，再加上大型直播活动必定要有的动作。比如，一开始介绍活动；重要嘉宾亮相、互动；领导发言（在直播中能少就少，要发言也要特别有趣，或者设置爆点环节）；关键信息发布等。最后，要保持整场直播活动的活跃度，也让更多人转发出去让活动热度不断攀升，在直播过程中，也要做一些诸如抽奖、普天红包等互动，把这些互动合理地安排进环节里。

选品、互动、基础动作——基本上能构成一份直播活动流程的雏形。

2. 围绕流程，撰写“三有”脚本

有许多伙伴对直播有个误解，以为主播们张嘴就能说，能围绕产品现看现说。怎么可能！就算是顶流主播，也需要提前对产品进行熟悉，也需要有一个强有力的团队为她准备好她应该了解的内容，这就是脚本撰写的重要性。

和普通的大型线下活动不同，在直播活动中，更要求有料、有用、有趣。

有料：专业导向，内行讲得出硬道理。

特点：专业性强、具有不可复制性。

直播活动会碰到很多不同的产品，针对专业性强的产品，脚本撰写时，就得准备相关的专业知识、延伸知识，并且从知识中找出卖点，不断激发用户问专业问题，这样互动性强、用户接受程度也高。

有用：场景引导，讲出可融入的环境。

特点：高频使用，和生活相关的类目产品。

这类脚本的内容来源甚广，比如最近某个非常火的电视剧、电影上线后，男女主角的着装、语言、饮食习惯都会成为大家热烈讨论的内容，甚至还会把女主的妆容、服饰搬到自己身上。因此，在销售一些高频、生活类产品的时候，完全可以利用新上映、热门的电影、电视或者明星的使用场景，来创造内容，很容易就能找到可融入的环境。

有趣：独特个性，出镜的每个人都有特点。

这类脚本的编辑就需要费心了，要给每个出镜的人找一个爆点、亮点。比如之前出镜的山东商河县副县长王帅，利用金句给自己找亮点："距离千年老店，只差八百年……"延安宜川县的县委书记左怀理，发挥了宜川的当地特色：唱起了陕北民歌，一边唱，一边端起一碗热腾腾的稠酒。

还记得观众最喜欢的惊喜是什么吗？反差萌！只要与平时的刻板印

象不同，都能让观众因此而驻足直播间。所以，一定要有自己的秘密武器。

营销端：做足回馈，让用户欲罢不能

无论多大型的直播活动，只要有把“产品”卖出去的需求，那么在营销端就一定要下足功夫。

营销包括两个关键因素：营销手段、优惠政策。其中，优惠政策是根据主办方自身利润空间、直播用户群体而推导出来的。能让利多少，直播间的用户群体对什么价格敏感，觉得特别划算，愿意下单，这个要由主办方主导，对自己业务的把握而定。如果主办方做的是平台型的直播活动，那么参与的商家，自己要把优惠政策制定好。

营销手段，每个平台的功能不同，导致大家的营销手法也不同。在第 5 章详解脚本时，会给大家展示完整的全平台案例。

4.2 内容及宣传：视觉、图文、媒介，每个环节都讲场景思维

一场大型的直播活动，只有更复杂，没有更简单。在原来的线下公关活动场景中，增加了两个最重要的环节：线上内容上架、宣传推广环节以及现场信息推流环节。本节主要讲线上内容上架、宣传推广环节。

在开始本节之前，先向大家展示一个做了信息保密处理的大型市级助农直播预算表，见表 4-2。

表 4-2　大型市级助农直播预算图

内　容	费用（万元）
1. 邀请达人参与活动，添加购物车进行售卖植入	X
2. 整体宣传周期间视频产出（20 支拍摄 +10 支剪辑）	X
3. 邀请达人线下体验 XXX 风采，添加定位进行优惠植入	
4. 内容运营流量推送	
5.poi 定位优惠植入	
6.XX 小店入驻	
7. 电商橱窗购物车工具	

续表

内　　容	费用（万元）
8.XX 官方账号软文发布 2 篇	
总计	X

看完表 4-2，相信大家已经有了一个总体的概念：原来大型直播活动背后的工作这么多！并不是找到一两个网红过来，就能拿着手机直接开播呀！

没错，光是线上整体内容的上架，都是一整套原来电商完整的工作。而活动前期的宣传、引流，也不是轻松的工作，我们一件一件来看。

内容上架端：商品宣传图文、模特宣传图册

内容上架端主要根据选品而定，无论是不是商品，你都可以选择把它上架到直播对应的平台上，以更清晰、更直观的方式，让直播间的观众可以边看直播边了解产品内容。因此，你需要准备以下相关工作，见图 4-5。

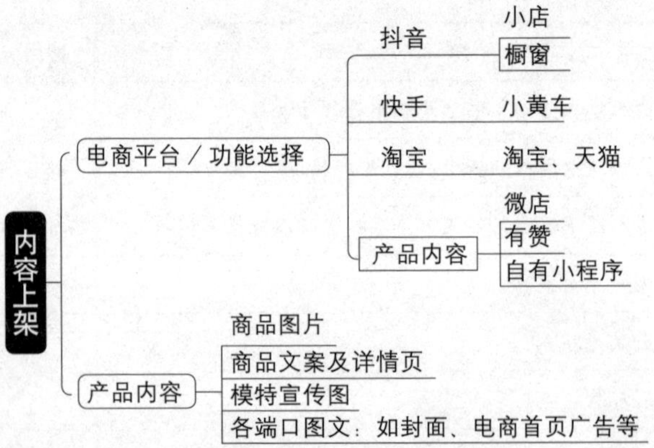

图 4-5　内容端工作模块

每个平台的电商规则不同，付费、合作的方式也不同，审核周期也各有长短。在做活动前，提前预备好时间量与平台沟通交流，免得临时在上架端口出问题。在这里依然推荐大家做自有小程序，小程序首次研发上线后，接下来的运营和商品上架相对快捷，而且也能形成闭环，不会产生二次跳转。

另外，选定平台后，围绕着平台的要求，制作一系列产品介绍物料。因为每个平台的要求不同，所以请根据平台给的详细尺寸要求进行处理——尺寸不对，十分影响观感和转换率。

宣传端（前后宣）：短视频拍摄、宣传稿、H5、小游戏

与上文提到的换位思考一样，直播活动的所有宣传工作，要牢牢站在用户的角度思考：他凭什么要进来看直播？在社交媒体传播领域里，有一句需要大家刻在心里的话——根本没有人会关心你。

是的，只要你坚持这么想，才能真正做出让用户愿意进来看直播的宣传物料。有以下三个原则供参考。

（1）写文案时要考虑用户痛点。

（2）要有强烈的利益点。

（3）风格多样、宣传渠道创新。

那么，宣传端的具体场景和渠道有哪些呢？见图 4-6。

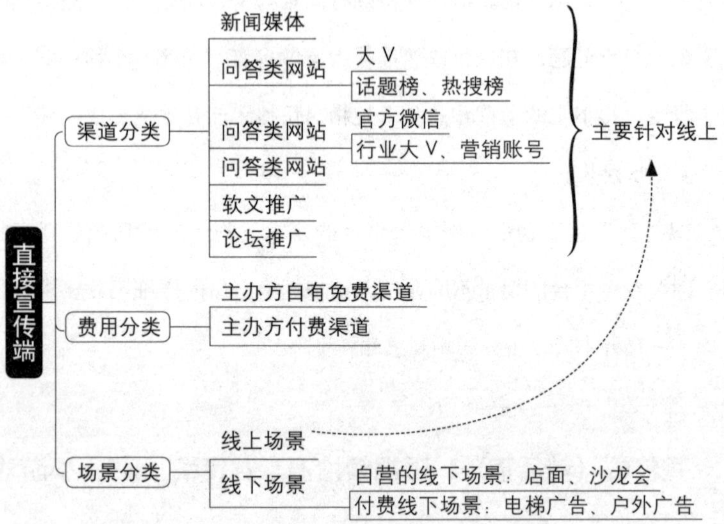

图 4-6　宣传端工作模块

图 4-6 中的各种宣传渠道，是现阶段的主流宣传渠道场景，包括线上线下。如果本次大型直播活动需要极强的社会效益，不妨选择适配的渠道进行全面覆盖。通过线上线下的全包围，是最容易将直播的氛围营造出来的。

常规渠道大家都清晰，下面具体解析一下部分细分场景。

（1）新闻媒体：和正规官方媒体合作，对直播进行报道。

（2）软文推广：与官方媒体的报道不同，软文更倾向于站在主办方的角度，用植入的形式对直播活动进行全面的宣导。原创软文、关键字可以在新浪、网易、腾讯等平台用作者账号发布，或者采买部分账号的广告软文服务亦可。

（3）微博、微信的大 V：已经是完整的社交媒体全案营销产业，可以寻找合适的第三方公司合作，或者直接咨询非黛也行。

（4）问答类网站：百度、知乎、新浪问答、天涯问答、搜狗问答、悟空问答等互动性强、信息传播快的问答类网站，可以采用自问自答的方式进行宣传。

（5）自营的线下场景：如果是连锁商家，把所有连锁店面都调动起来；如果是政府活动，不要错过公共宣传渠道，甚至包含街道办、居委会、小区的一些展示屏及公告栏。

执行端：场景视觉设计、道具设计

线下的大型活动，在执行时往往很注重现场场景的搭建——这已经有一个专业的体系了，但应用到大型直播活动时，不能照搬原来线下的经验。回归到手机的小屏幕上，无论用竖屏还是横屏，确保镜头的移动、切换入框的内容都是精美动人的。要知道一个灯光暗淡、背景杂乱的直播间，会让人产生迅速划过的想法——无论你是谁都一样！

因此，视觉设计，顾名思义就是针对眼睛功能的主观形式的表现手段和结果。那么，做好一场直播活动，关键的视觉场景逻辑在哪里呢？

主要分为两个部分：一是现场的硬装；二是线上的软装及主播手上的道具，见图 4-7。

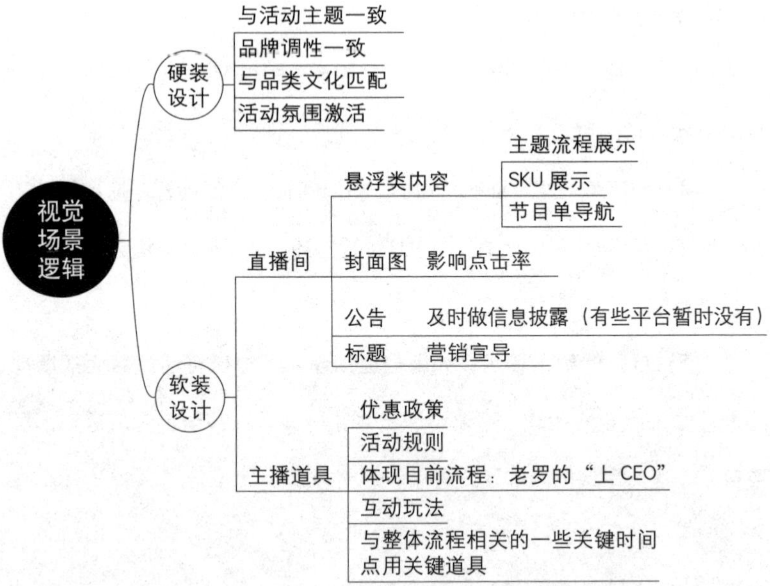

图 4-7 视觉场景端工作模块

服务好这些场景，一个好的直播活动，呈现到线上直播间的视觉设计，应达到以下 3 个目的。

（1）品牌宣传与推广。

（2）产品有效透出。

（3）提升活动曝光率与粉丝参与感。

从这 3 个方向来完善直播间的整体视觉设计，从而达成辅助转化的目的。价值百万的直播间，往往是将其做到了极致。

现在市面上有很多专业的团队在做视觉服务，可以看看他们过往的案例评判是否符合活动的需求，如果需要具体的器材建立，在第 8 章会有更具体的介绍。

媒介端：渠道沟通、账号属性对标

上文提到我们需要做大量的宣传工作。有不少伙伴往往会以为，宣传工作和媒介工作是打包在一起的。事实上，如果想要直播活动既高大上又接地气，每个细节都要有专门的人来处理。而媒介工作与宣传工作不同的是，媒介是在宣传内容完成前后的重要沟通人——虽然新媒体媒介 BD（商务拓展）这个岗位一直没有被标准化，但是这类型的工作非常重要。

因为，在宣传工作开始之前，你需要有一个专门的媒介来帮忙做以下工作。

（1）整合媒体资源，拓展和开发有效的媒体渠道及资源，维护好各渠道关系。

（2）对媒体深入研究，判断账号影响力、粉丝画像、内容调性等，与本次活动做好属性对标。

（3）梳理各媒体沟通流程、合作流程，确保内容及时上架。

做好这三点基础工作后，整体宣传工作健康跑动起来，此时，你还需要媒介帮你完成以下工作。

（1）实施及监控内容发布，保持动态有效沟通。

（2）及时调整媒体策略，回馈到宣传内容上，对下一步的宣传进行优化。

（3）危机管理时，及时与相关媒体进行有效沟通，实行媒体干预。

整体宣传工作，直至媒介环节后，才算真正的闭环。

4.3 网红直播：以活动为主，勿过分迷信大主播

“所有的交易源自于信任，之所以信任是相信我能给你带来利益。”在直播中，选择合适的网红主播，也是选择合适的信任关系。

主播与粉丝之间的信任关系，除了个人魅力外，也是通过秒杀、抽奖、限量、专属优惠的售卖形式，让粉丝享受到从其他购买渠道中无法获取的利益点。尤其是在腰部及腰部以下主播的孵化过程中，都是用货品性价比和货品的丰富度孵化起来的。所以他们的存在模式是“货－场－人”，优先考虑的是货品；腰部以上甚至是头部主播的存在模式是“人－货－场”。这是有非常大的本质区别的，所以，不管是什么阶段的商家甚至工厂，都能找到适合自己的主播，见图 4-8。

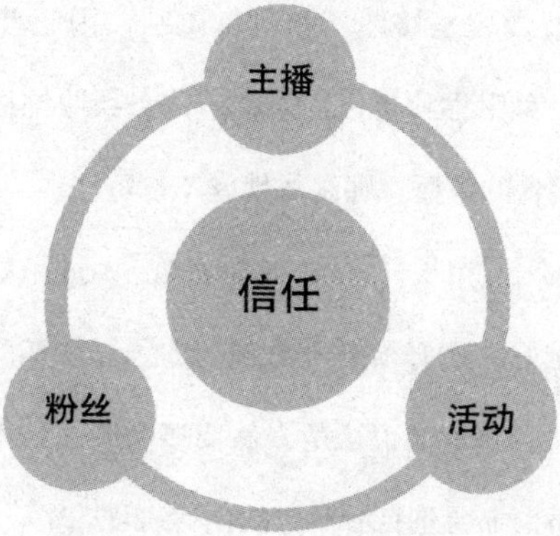

图 4-8　主播与活动的关系

那么，做大型活动的我们，怎么去寻找适合自己的主播呢？

这就要回到上一节我们说的媒介工作去了，优秀的媒介公司、媒介人员要长期保持观察，如通过各种直播平台的榜单、任务平台或者各平台运营的活动及比赛，综合筛选主播。

选人端：属性匹配、出镜表现、粉丝数量、平台归属

一般来说，筛选合适的主播首先得从主办方自己出发：看自己品牌品类市场定位和投放预算。

考量一个主播是否合适，主要从属性匹配、粉丝数量、出镜表现、平台归属 4 个角度进行思考。

（1）属性匹配：主播本人的领域属性与活动本身是否匹配，这件事很好理解。比如前阶段厦门政府支援临夏，抖音上的知名账号“贫穷

料理”平时的主要内容是接地气的美食做法，因此就非常契合“临夏助农”这个主题。如果你卖包包，你就应该去找服饰搭配类的主播，如果你找了一个讲美食的主播，那么属性就不匹配了。

(2) 粉丝数量：这个很好理解，特别直观。不过，这里有个注意事项，并不是粉丝越多越好，还必须要考虑自己的预算和匹配程度，粉丝多的主播有时候服务费自然就高，这是必然要接受的。如果预算不高，又想要性价比高的主播，那要重点看对方的出镜表现。

(3) 出镜表现：这个其实很好观察，比如你这次的活动要卖包包，你可以先去看适合你的这些主播有哪些卖过包包，他们卖包包的频率是多少，他们卖的包包每天销售数据大概是什么样的。在你把数据盘准以后，再考虑自己产品的风格和库存量，要合作几个主播。

(4) 平台归属：回归到活动本身，咱们一开始选择在什么平台上做活动，就到相应的平台上去寻找主播。如果做小程序私域直播，就去寻找有能力激活私域流量的团队，比如非黛。

合作端：是否可分销，分销是否考核，是否底薪 + 提成模式分成

在与主播合作前，需要做一系列的准备工作，包括样品分析、关系维护、合作模式谈判等。少一些甲方心态，毕竟主播与咱们的合作，不纯粹是甲乙双方，更多的是相互成就。

下面是非常核心的行业机密——19 条主播合作宝典，让你事半功倍。

首先说合作前与直播中，需要做哪些准备工作。

（1）产品卖点的讲解，可以录一段小视频。如果产品是专业度比较高的，或者信息量比较大的，可以让设计师或者表达专业的人员录制一段小视频。它比你用 Excel 表格和文字去描述产品，激活主播团队的再次创作，效果会更佳。同时，视频还能在接下来的直播中作为物料道具使用上。

（2）在邮寄样品时，最好做到包装精美、数量充足。尤其是食品类目，多出来的食品主播可以送粉丝、送团队，直播行业是很辛苦的，稍微用点儿心就能增加好感度。在直播过程中，这些好感度会让主播更有动力发挥。

（3）佣金的谈判要合理。千万不要张口就说："我不懂行，预算不清楚，你们自己报价""能不能不要坑位费，收那么高谁知道结果好不好"。要知道每个主播在工作时，其身后都是一堆团队的成员、平台的流量开销等在支撑。所谓的坑位费都是辛辛苦苦的时间成本费用，而预算是运营团队需要去帮你测算匹配资源的标准，一问三不知，可是非常不礼貌的。另外，如果谈好了要给主播 20% 的佣金，在一些平台上，比如聚划算大促的时候，佣金会自动下降为 3%，剩下 17 个点要私下去补给主播，千万别直接忽视了。

（4）可以设置意外的惊喜。送主播锦旗、奖杯、授权书、感谢信等。

（5）上播前的检查。要多次确认：产品的优惠信息、促销折扣、满减、库存精准性（一次库存、二次库存、三次库存），是否在有效的范围内。

（6）注意直播间的互动。自己的产品上直播了，一定要组织公司员工观看，多在直播间互动产品的卖点，在评论中可以多说自己使用感受好，主播在讲解时重点刷。别把所有工作都推给主播团队，自己的产品自己多上心总没错。

（7）不要漏寄赠品。漏寄赠品对品牌和主播都是不好的行为，别让一个不小心演变成公关危机。

（8）做好流量互补。店铺首页和详情页能给主播导流。如果你自己店铺流量运营做得比较好，主播的匹配度确实也比较高，带货能力也很强，那么可以考虑在店铺首页、店铺详情页，甚至客服这边导流给主播，让他们在直播间购买，这样实际上能够增加转化。

（9）全程跟播。以应对各种特殊情况，如果不在现场，一定要远程积极配合，甚至可以把自己的客服账号开一个给主播团队，让他们也能及时反应。

（10）争取提前一天预热。如果合作的主播常年固定每天开播，那么最好是和主播商量，第一天能在直播间预热，以提高粉丝期望值，第二天效果会更好。

再来说直播后，有哪些跟进工作不能忽略呢？

（1）打点好你和主播粉丝的关系。所有活动的核心都是为了自己产品的长续销售，而我们与粉丝的关系，是从你的商品被粉丝收到的那一刻开始体现的。

有很多商家直播以后就不管了，效果不好也不知道如何去解决。有很多主播卖得特别好，但是货发不出去，或者退货率特别高，粉丝反响特别差，到主播那儿去说那天我买了你播的连衣裙，但是这个连衣裙的品质太糟糕了，建议以后不要去播他家的产品。

出现这种情况，就是售后没有处理好。这非常影响接下来跟主播的合作关系，这样的粉丝出现在直播间，主播必须要去回复，一旦回复，你的品牌会受到一定的影响。

（2）各产品的销售数据和转化数据。商家最好在直播后给主播一个精细的销售和转化数据。

（3）产品的发货进度和效果。现在竞争越来越激烈，如果粉丝买了商品以后很久不发货。主播辛辛苦苦卖了 100 万的货，但实际上只发走了 30 万的货。因为售后问题或者发货速度问题，对主播的影响是比较大的。

（4）“及时反馈”的技巧。粉丝收到产品后的评价，客服应主动跟进评价并截图，最好能带上主播的名字。这样再把这个信息发给主播，主播会很开心的，觉得产品很好，粉丝收到后效果也好。这为下次的合作提供了保障。另外，下次直播的时候，主播拿着截图在直播间宣传，也能够增加转化。

（5）产品超卖或者特殊情况的赠品补偿策略。最好不要出现超卖，一旦出现，要第一时间跟主播共同去解决，千万不要隐瞒。因为直播跟其他媒介不一样，如果商品确实出了问题发不了货，处理不好，粉丝会一直在直播间讲，这会给主播带来巨大的压力，而你的品牌可能也会被拉黑。

（6）产品的销售速度可以间接告诉主播。比如商品一分钟的出单量，如果你觉得速度特别快，就要告诉主播。另外，新品首发可以给一个最低折扣。比如你跟主播合作了 A 产品，B 产品上架时你就可以跟主播说，因为之前合作得特别好，B 产品商家专门给你留了 500 个最低价格的库存，帮我们冲销量。

（7）功效性产品的使用体验。粉丝使用的感受尽可能让他们评论，或者让客服将这些信息打包给主播。

（8）没有满足双方的销售预期。当这种情况出现时，要和主播沟通解决方案，可以换产品也可以换销售策略。

（9）可以定向开发主播联名款 DIY 定制产品等。

站在机构的角度看，为了赢得第二场合作关系，所有的准备都非常值得。

4.4 现场解决方案：活动稳定的保障

与日常直播活动不同，大型活动的现场直播往往有三种情况：一是有固定中心型，如舞台、会场类型，需要多角度切换场景；二是展会型，如现在流行的助农大直播，现场几十个直播间同时开播，不同的网红在不同的现场直播间直播卖货；三是大型动播，随着主播的到处走动，不断对现场进行分析和介绍，如之前故宫的直播，也有一些源产地或文旅项目直播，几十个网红同时走动。

不管是哪一种情况，大型直播活动的现场解决方案，都要从网络保障、导播保障、人员保障、安全保障几个角度去考虑。

网络：并发量大，需要额外保障

现场直播对网络的要求非常高，特别是一些重要的发布会直播、现场新闻直播等。网络不稳定会导致出现现场体验差、直播卡顿和延时等情况。网络场景具有高密度、高负载、高并发、高漫游需求的特点，可以说是一场高负载、高速率、低延时的现场网络直播考验，因此需要寻找一支专业的网络团队。从现场设备布置规划、设备上架与调试到网络测试，工程师们高效有序地做好每一项准备工作，在确保网络观众稳定观看直播的同时，还保障了所有现场嘉宾与工作人员的正常上网应用。

盛典开始后，为进一步保障网络质量，应对突发情况，工程师会通过实时监控设备状态、网络使用情况，对现场网络进行精细化的控制，保证直播全程顺利开展。

如果是展会类、文旅类的直播，把网络保障好，让主播能够顺利用自己的导播台、直播端口开播。

如果是舞台中心类的直播，还要考虑导播台、人员调度等问题。

导播：收音与画面切换是基础

说起导播，在这次直播浪潮爆发之后，许多原来电视行业的同仁们经常恨得牙痒痒："简直看不过去！拿着手机就敢做大型活动直播？"董明珠女士直播翻车的那天，据说也是短视频拍摄团队转型做直播的开始，虽然买的设备都是极好的，但因为不懂得如何把设备搭配好，所以没有得到最佳的效果，当然也因为没有进行合理的彩排……翻车的教训是惨烈的。

在导播工作中，我曾专门与专业团队沟通过，专业的导播们告诉我，注意几个关键指标就可以了。

（1）支持多路（不一定是支持网络数据源，像广电这种专业级设备就不支持网络数据源接入，但是有办法）以及同时支持直播流通道数。

（2）支持通道预览和切换。

（3）向其他平台推流。

（4）多种信号源支持（专业相机、本地音画资源）。

（5）多机位画面在切换过程中的音视频同步问题。

（6）现场收音。

（7）通用信号输出（关键指标）。

另外，导播团队需要通过选景、取景，筛选出最优的画面送到观众的手机屏幕前，这对大量的传统广电团队也是一个挑战，毕竟他们习惯了电视屏幕的取景，手机的取景要更注意小屏的观看感受。

人员：主播导演、音视频导演、嘉宾导演、助理导演

无论做多小的活动，我养成的好习惯是，一定要给现场的工作人员做好合理的分工，并且给他们冠以“导演”之重职，有仪式感的称呼能让大家对此事更加重视。

围绕着直播的脚本，除了总导演外，重要的几项分工分别是：主播的流程与反应、音频、屏幕上的显示内容、嘉宾的到场和表现。因此，我会设置主播导演、音视频导演、嘉宾导演、助理导演几个角色，每个人只盯自己专门的那条线，总导演就负责把他们的工作调度到位，这样大家不至于一起慌乱，要么同时去做一件事，要么有的事谁都没顾上。

各个岗位要提前熟悉直播流程，直播时才能按照脚本有序地完成直

播任务。

另外，一定要提前彩排，重大活动要进行多次彩排，在彩排中发现节目内容、节目流程、技术设备等各方面的问题。尤其是最后的一场彩排，程序可以和正式的直播一样，并且录好备份并备播。

而且直播之前，直播现场、导播台等直播中的各个要点，要多次进行信号确认以及通话的对接。

安全：防火防电、注意路线安全

安全问题是老生常谈了，有些动播现场会比较混乱，一定要拉好安全线，把路线安排好。另外，展会直播的现场，消防是重中之重。

1. 现场电力

要综合考虑现场灯光、音响、大屏、舞台机械等用电负荷情况，以及现场供电的方式，是采用双回路供电，还是单回路加发电车供电，或是双回路加发电车供电。

2. 灯光系统安全

（1）供电安全。电力容量计算要留有余量，如果涉及舞台，还要考虑到烟雾机、干冰机等其他舞台特效设备的用电功率。

（2）要考虑三相平衡的问题。设计灯位图时要计算，尽量使三相负荷平衡，减少中线电流，减少谐波。

（3）控制台备份。为保证直播安全，尽可能准备备份控台。

（4）灯架、灯具悬挂的安全问题。要系好保险绳、电缆接头、插头等，并且要采用欧标、国标灯光设备专用插头，不能有电线裸露，要有安全地接。

（5）考虑防水措施问题。

（6）做好强弱电缆走线的防护，主要部位使用线槽走线。

另外，现场的人身安全也是非常重要的，要防止发生触电事故，注意小朋友的安全，以及各种走线的安全。

第 5 章

直播脚本：

定胜负的 4 大关键武器

用户为什么愿意花时间看你直播？这就需要我们站在用户的角度来策划和完成直播的关键内容——脚本。一个完整的脚本，至少应该包括这 4 个方面的内容：执行脚本、互动玩法、高级话术、福利设计。你只有一个目的，吸引用户、留住用户，引导下单。

随着本书的逐步讲解，我们已经越来越深入到直播的细节了，你会发现直播的大逻辑并不复杂，主题－优惠策略－宣传－直播间－销售（观念植入）－复盘，但每个环节都会倒逼你学会站在用户的角度思考问题："凭什么他要花时间在这里陪伴着你。"

其中的重头戏就是直播间这个环节，任意十几秒的空档和尴尬期，用户都会关掉直播间窗口，往其他直播间滑过去。所以，看起来漫不经心的直播过程，需要"直播脚本"这个强有力的武器，细化环节，让主播在直播的过程中专心输出内容。

脚本的设计有以下 3 个重要指标。

（1）我在看什么？

（2）我能得到什么？

（3）有哪些福利和产品？

另外，脚本的重要点在于以下 3 点。

（1）梳理直播流程，避免缺漏、尬聊。

（2）管理主播话术，为每一分钟的动作行为做出指导。

（3）便于事后对着脚本复盘总结，对照到每一个岗位。

5.1 脚本：超实用表格的重要 8 列

我们先来说说直播开始后的大致节奏，让大家有个基本概念，再来拆解脚本的实用表格。

直播的第一个环节，从预热开始，跟粉丝打招呼，引导新人进行关注，和粉丝进行互动。

第二个环节一般直接进入抽奖，把场子先烘起来，最好每个小时抽一次奖。

然后是秒杀产品，建议新主播每个产品讲解 5 分钟，如果粉丝关注度不高，那就换下一款产品。秒杀的时候，主播可以根据粉丝的数量来定，如果粉丝量突然变低，那主播就要注意，不要再卖货了，要开始分享内容或者抽奖，将人气烘起来。切记只在人多的时候做产品秒杀。

做产品秒杀要根据在线粉丝量来做调整，粉丝数量多的时候快速秒杀产品，在粉丝量下降到一个临界点时，秒杀产品就要停止了，要来一波内容分享，可以是段子，也可以来一波乱舞。在粉丝量升上来之后，再次开始秒杀。

主播最好要有自己的节奏，按照自己的计划来，不能一直盯着弹幕，被弹幕牵着走，这样容易在回答某个粉丝问题时，忽略了其他粉丝。最好是一段一段地输出内容，然后看看弹幕，回答问题。这种方式同样适合一个人做直播的情况。节奏很重要，粉丝在新的直播间停留的时长不会超过 3 分钟，所以可以按照 3 分钟为一个环节的节奏来安排。

直播脚本包括以下 8 个方面。

（1）直播目标：销售目标、吸粉目标。

（2）直播人员：主播、助理、客服等。

（3）直播时间：建议每天的直播时间要固定，让粉丝形成观看直播的习惯。

（4）直播主题：设计好主题，对直播内容进行预告。

（5）直播前期的准备。

（6）产品的后台管理。

（7）产品的话术和优惠政策。

（8）直播间相应陈列、道具等。

常规直播表格

由于日常的直播讲究时间稳定、频次高，因此几乎天天都要开播。建议以一个星期为单位做直播脚本，这样的工作节奏能做出比较好的时间切割，减少运营、策划的工作量，更好地完成直播的工作衔接，同时也方便阶段性总结。

因此，日常的直播表格第一列，自然就是星期一至星期日，几点几分，这样的时间周期。

接下来是第二步的设计，即将基础常规活动、长期常规活动设计进表格中。

基础常规活动的注意事项如下：

（1）活动力度：中等。

（2）每日活动：可单日可多日重复。

说明：基础活动建议是明确到几点，比如一场下午 2 点到 5 点的直播，你想做两个小活动，那就是要明确 3 点做什么，4 点做什么。这样的好处是主播开播就可以引导，从而提高客户停留时长。

长期常规活动的注意事项如下：

（1）活动力度：中等。

（2）每日活动：每周或长期重复结合。

说明：每天都有的活动，可以每天都一样，这个是给新进入直播间的消费者的专属活动。

常规活动表格，见表 5-1。

表 5-1 直播间的基础活动表格

<table>
<tr><th colspan="6">XXX 直播间 | 直播栏目</th></tr>
<tr><th>星期</th><th>时间</th><th>主题</th><th>基础活动</th><th>活动说明</th><th>通用活动</th></tr>
<tr><td rowspan="3">星期一</td><td>20：00</td><td>黑色衬衫搭配法</td><td>满 99 减 20</td><td>全场或指定款</td><td rowspan="21">1. 关注有礼；
说明：收藏后返 5 元券；
2. 进群活动；
说明：半点发红包；</td></tr>
<tr><td>21：00</td><td>夏天必备牛仔裤</td><td>抽奖</td><td>优惠券、抵用券</td></tr>
<tr><td>22：00</td><td>小个子女生显瘦</td><td>红包＋买 1 赠 1</td><td>……</td></tr>
<tr><td rowspan="3">星期二</td><td>20：00</td><td>以下略</td><td>以下略</td><td>以下略</td></tr>
<tr><td>21：00</td><td>……</td><td>……</td><td>……</td></tr>
<tr><td>22：00</td><td></td><td></td><td></td></tr>
<tr><td rowspan="3">星期三</td><td>20：00</td><td></td><td></td><td></td></tr>
<tr><td>21：00</td><td></td><td></td><td></td></tr>
<tr><td>22：00</td><td></td><td></td><td></td></tr>
<tr><td rowspan="3">星期四</td><td>20：00</td><td></td><td></td><td></td></tr>
<tr><td>21：00</td><td></td><td></td><td></td></tr>
<tr><td>22：00</td><td></td><td></td><td></td></tr>
<tr><td rowspan="3">星期五</td><td>20：00</td><td></td><td></td><td></td></tr>
<tr><td>21：00</td><td></td><td></td><td></td></tr>
<tr><td>22：00</td><td></td><td></td><td></td></tr>
<tr><td rowspan="3">星期六</td><td>20：00</td><td></td><td></td><td></td></tr>
<tr><td>21：00</td><td></td><td></td><td></td></tr>
<tr><td>22：00</td><td></td><td></td><td></td></tr>
<tr><td rowspan="3">星期日</td><td>20：00</td><td></td><td></td><td></td></tr>
<tr><td>21：00</td><td></td><td></td><td></td></tr>
<tr><td>22：00</td><td></td><td></td><td></td></tr>
</table>

第三步设计是增加周期游戏玩法。

新型的直播内容，和原先的秀场直播、电商直播有一定的区别，它无法过度展示个人才艺，如唱歌、跳舞，多少有点儿不务正业，但其实可以玩一些有趣的周期游戏，把主播的个人特征结合进去。

比如你有一个导购喜欢星座，就完全可以让每周二的秒杀、每周六的新品 6 折、每周日的 10 分钟抽奖，与星座结合在一起——游戏玩法不是天天有，但是每轮周期都各有吸引力，让用户记住你，比让他认同你的产品要更容易一些。

周期游戏活动的注意事项如下：

（1）活动力度：大。

（2）每日活动：定期活动，如固定每周一拍卖，周二 1 元秒杀 + 特定星座得礼品。

活动说明：大力度的周期活动不一定每天都要有，但是力度一定要够大，数量可根据当日在线人数确定，绝对不能泛滥；日常规划只做上限，后期根据实际情况调整。

周期游戏活动表格见表 5-2。

表 5-2　直播间的周期游戏活动表格

<table>
<tr><th colspan="7">XXX 直播间 | 直播栏目</th></tr>
<tr><th>星期</th><th>时间</th><th>主题</th><th>基础活动</th><th>活动说明</th><th>通用活动</th><th>周期游戏</th></tr>
<tr><td rowspan="3">星期一</td><td>20：00</td><td>略</td><td>满 99 减 20</td><td>指定款</td><td rowspan="21">1. 关注有礼；
说明：收藏后返 5 元券；
2. 进群活动；
说明：半点发红包；
……</td><td rowspan="3">周一拍卖</td></tr>
<tr><td>21：00</td><td></td><td>抽奖</td><td>优惠券</td></tr>
<tr><td>22：00</td><td></td><td>红包</td><td>……</td></tr>
<tr><td rowspan="3">星期二</td><td>20：00</td><td></td><td>以下略</td><td>以下略</td><td rowspan="3">周二 1 元秒杀＋特定星座得礼品</td></tr>
<tr><td>21：00</td><td>……</td><td>……</td><td>……</td></tr>
<tr><td>22：00</td><td></td><td></td><td></td></tr>
<tr><td rowspan="3">星期三</td><td>20：00</td><td></td><td></td><td></td><td rowspan="3">周三新品六折……</td></tr>
<tr><td>21：00</td><td></td><td></td><td></td></tr>
<tr><td>22：00</td><td></td><td></td><td></td></tr>
<tr><td rowspan="3">星期四</td><td>20：00</td><td></td><td></td><td></td><td rowspan="3">……</td></tr>
<tr><td>21：00</td><td></td><td></td><td></td></tr>
<tr><td>22：00</td><td></td><td></td><td></td></tr>
<tr><td rowspan="3">星期五</td><td>20：00</td><td></td><td></td><td></td><td rowspan="3">……</td></tr>
<tr><td>21：00</td><td></td><td></td><td></td></tr>
<tr><td>22：00</td><td></td><td></td><td></td></tr>
<tr><td rowspan="3">星期六</td><td>20：00</td><td></td><td></td><td></td><td rowspan="3">……</td></tr>
<tr><td>21：00</td><td></td><td></td><td></td></tr>
<tr><td>22：00</td><td></td><td></td><td></td></tr>
<tr><td rowspan="3">星期日</td><td>20：00</td><td></td><td></td><td></td><td rowspan="3">……</td></tr>
<tr><td>21：00</td><td></td><td></td><td></td></tr>
<tr><td>22：00</td><td></td><td></td><td></td></tr>
</table>

第四步是关键的内容输出，即产品、知识点或任何想输送给观众的观念。

无论你输出什么内容，对于产品（知识点或者其他的东西）应该要有要点提炼，单独成体系，并且要体现在脚本中，同时方便每周期迭代。

对出镜主播来说，能快速了解产品，也能在直播中解答各种问题和咨询。这需要团队协作，主播最好也能参与，见表 5-3。

表 5-3　直播的产品要点提炼

XXX 直播间丨直播栏目								
	时间	主题	基础活动	活动说明	通用活动	周期游戏	产品	详情
星期一	20：00	略	满 99 减 20	指定款	1. 关注有礼；说明：收藏后返 5 元券；2. 进群活动；说明：半点发红包；……	周一拍卖	每小时按 ABCD 顺序主讲 3 种	附件＋道具
	21：00		抽奖	优惠券				……
	22：00		红包	……				
星期二	20：00		以下略	以下略		周二 1 元秒杀＋特定星座得礼品	每小时按 XXX 顺序讲…	
	21：00	……	……	……				
	22：00							
星期三	20：00					周三新品六折……		
	21：00							
	22：00							
星期四	20：00							
	21：00					……		
	22：00							
星期五	20：00							
	21：00					……		
	22：00							
星期六	20：00							
	21：00							
	22：00							
星期日	20：00							
	21：00							
	22：00							

表 5-3 的这张表格可以反复使用，并且在这一基础上添加自己需要补充的信息，比如知识点 PPT、背景图、配乐等。同时建议围绕着输出的产品、内容单独做一套内容介绍表。如果讲服装或美妆，也要做一套搭配表，出镜主播也需要快速补充相关的知识。

最后，每次直播结束后，直接拿着表格总结哪些时间、哪些活动的参与度不高，是什么原因造成的。活动的时间点，活动产品的数量配比和在线人数是否对应，都需要在直播结束后总结。甚至是实时调整，比如直播间在线人数 20 个人，结果活动要秒出 50 个产品……这样消费者即使参与了也会失望，这也是运营上的失败。

大型活动实用表格

与日常直播一样，大型直播活动也是调动各种资源的核心工具。与日常直播不同的是，大型直播活动往往是一次性的，但需要调动的变量更多。比如要不同的商家上场、不同商品和活动的弹幕，甚至还有可能涉及动播和机位的变化。

因此，大型直播活动的脚本会把常规的日期、时间去掉，换成精确到 3 ～ 5 分钟的时间表，后续调动的资源列包括：流程、内容、主讲、卖点（利益点）、产品详情、福利、主视觉、音频、道具、责任人、镜头机位……

大家可以参考表 5-4 中的内容，然后根据自己的实际情况，对表格进行优化升级。

表 5-4　大型直播活动脚本执行表

<table>
<tr><th colspan="12">大型直播活动脚本执行表</th></tr>
<tr><td colspan="12">直播平台：自营小程序直播</td></tr>
<tr><td>活动主题</td><td colspan="11">XXXXX 大型助农直播</td></tr>
<tr><td>开播时间</td><td></td><td>出镜人员</td><td colspan="4">主播：非黛</td><td colspan="5">嘉宾：李副县长</td></tr>
<tr><td>销售产品</td><td>详见产品表</td><td>直播福利</td><td colspan="9">满 199 减 50</td></tr>
<tr><td>直播场地</td><td>XX 融媒体直播间</td><td>道具准备</td><td colspan="9">全场道具列表</td></tr>
<tr><td>时长控制</td><td>流程</td><td>直播内容</td><td>主讲人</td><td>植入卖点（利益点）</td><td>产品详情</td><td>互动／福利</td><td>主视觉</td><td>音频</td><td>道具</td><td>分工</td><td>镜头机位</td></tr>
<tr><td>19:30 ～ 19:35</td><td>暖场</td><td>小助理介绍福利</td><td>小助理</td><td>主播介绍、嘉宾介绍</td><td></td><td>抽奖</td><td>主题视频</td><td></td><td>福利介绍版</td><td>总导演</td><td></td></tr>
<tr><td>19:35 ～ 19:40</td><td>主播上场</td><td>抽奖介绍活动</td><td>主播</td><td>即将有哪位嘉宾</td><td>奖品</td><td>……</td><td></td><td></td><td>嘉宾导演</td><td></td><td></td></tr>
<tr><td>19:40 ～ 19:45</td><td>副县长上场</td><td></td><td></td><td></td><td></td><td></td><td></td><td></td><td></td><td></td><td></td></tr>
<tr><td>19:50 ～ 19:55</td><td>第一个商家直播间</td><td></td><td></td><td></td><td></td><td></td><td></td><td></td><td></td><td></td><td></td></tr>
<tr><td></td><td></td><td></td><td></td><td></td><td></td><td></td><td></td><td></td><td></td><td></td><td></td></tr>
<tr><td></td><td></td><td></td><td></td><td></td><td></td><td></td><td></td><td></td><td></td><td></td><td></td></tr>
<tr><td></td><td></td><td></td><td></td><td></td><td></td><td></td><td></td><td></td><td></td><td></td><td></td></tr>
<tr><td></td><td></td><td></td><td></td><td></td><td></td><td></td><td></td><td></td><td></td><td></td><td></td></tr>
<tr><td></td><td></td><td></td><td></td><td></td><td></td><td></td><td></td><td></td><td></td><td></td><td></td></tr>
<tr><td></td><td></td><td></td><td></td><td></td><td></td><td></td><td></td><td></td><td></td><td></td><td></td></tr>
</table>

5.2 互动玩法：让直播间粉丝愿意持续观看的要点

玩法一直以来都是主播留住粉丝、转化粉丝的重要手法之一。每个人的玩法不同，有些主播也有自己的独门秘籍。甚至很多平台已经给你准备好了各种抽奖、截屏、大转盘的互动功能。在多研究和使用平台的基础上，本节提供的一些玩法来源于各大主播的经典玩法，仅供参考。你也可以在此基础上做迭代更新，与自己的特点结合，把玩法变成自己的直播内容。

脑筋急转弯

网上有很多脑筋急转弯，也分很多类，有内涵一点儿的，也有搞笑的。主播出题，观众答题。最先答对的观众有奖励。如果想玩主播间的 PK 或连麦，脑筋急转弯也非常合适。

比如这几个简单的例子。

（1）有一个字，人人见了都会念错，这是什么字？（答案：错）

（2）橡胶制品，套在人体中间的部位上，有大小号之分，关系着生命的存活，这个东西是什么？（答案：救生圈）

（3）长在半中腰，有皮又有毛，长有五六寸，子孙里面包，这是什么？（答案：玉米）

抽牌比大小

提前准备好扑克牌，和观众玩互动，如果观众赢了，可以满足观众小小的要求，比如表演节目或者做某个小动作。如果观众输了，可以要求观众刷 ×× 礼物，礼物自行设置，但不宜过大。

下面列举一个常规玩法：

洗好牌，抽出任意两张，由观众认领自己的牌，剩下的那张就是主播的牌，谁的小谁就输。如果是多人玩的话，先做好调查，看看几个人玩，统计好。然后，主播发牌，被主播点到名字的观众认领自己的牌。最后比大小，如果最小的牌是主播的，那么主播接受惩罚；如果最小的牌在任意观众手中，那么观众接受惩罚。

猜歌名

主播提前准备好歌曲，最好是伴奏。播放其中的一小段（偷懒的话可以直接播 10 秒钟的前奏），让某观众猜歌名。猜对有奖励，猜错或者在规定的时间内没有答上来的接受惩罚。同样地，也可以有多人玩法，先猜出来的有奖励。音乐最好是新歌和老歌交替来播放，歌曲最好是经典的、大家耳熟能详的。

你画我猜

主播比划或者在白板上画，观众来猜。猜的东西可以是实物，也可以是虚拟游戏里的东西。必要的时候，主播也可以降低难度做出提示，比如要猜的东西是干什么用的，或者和什么有关。这类游戏在网上有很多题目，也有相应的游戏规则。

说台词猜电影 / 电视剧名

（1）我的意中人是个盖世英雄，有一天他会踩着七色云彩来娶我，我只猜中了前头，可是我却猜不中这结局。（答案：《大话西游》）

（2）房间整齐没异味，不是伪娘就是GAY。（答案：《唐人街探案》）

（3）贱人就是矫情。（答案：《甄嬛传》）

这一类题目可以选择的内容非常多，上网找一找。玩法都是你问我答，主播也可以反过来玩，即观众提问主播答，有时候会有意想不到的互动效果。

无敌幸运星

主播手里攥纸团或者硬币，让观众来猜纸团在哪一只手里。选择一个观众判定输赢，猜对了得奖励、猜错的接受惩罚。

成语接龙

主播说出第一个成语，然后观众在评论区往下接，主播挑选观众的接龙答案继续往下接。如果在规定时间内没有答上来，则接受惩罚。

猜纸条

主播准备好两张写好游戏问答的纸条，一张纸条为主播问、观众答，一张纸条为观众问、主播答。主播左右手攥住纸条让观众盲选，选中哪个纸条就玩哪个纸条上的游戏。

这个游戏也可以与真心话大冒险相结合，观众选到“主播问、观众答”的时候，主播就可以随机问其中一个观众问题。需要注意的是，提前确定好本轮的参与人。

以上游戏，有些内容适合新主播，有些内容适合有一定粉丝基础的主播，根据自己的实际情况来定。

另外，除了互动游戏外，还可以参考一些营销活动，比如关注转发抽手机、1 元秒杀产品、9.9 元秒杀、随机免单、看直播抽红包、邀请好友看直播送礼品等。

5.3 高级话术：会说话的主播才有前景

在现实生活中，往往会说话的人能赢得更多空间、资源、人脉。而在直播中，会说话的主播和只会闷头玩或者卖萌当宠物的主播，前景是十分不一样的。

想起早期周震南进李佳琦的直播间，被李佳琦滔滔不绝的话术震惊到成了表情包。并不是所有主播都天生会说话，只不过用心的主播会不断地学习思考、更新迭代。

市面上的高情商话术书籍、课程都非常多，非黛依然强调：换个位置思考。始终站在用户的角度为他们着想，记住：人们根本就不关心你！

从训练逻辑上，给大家提供一个思维导图（图 5-1），按导图上的逻辑做好准备工作，下意识地训练自己，能够有效提升话术能力。

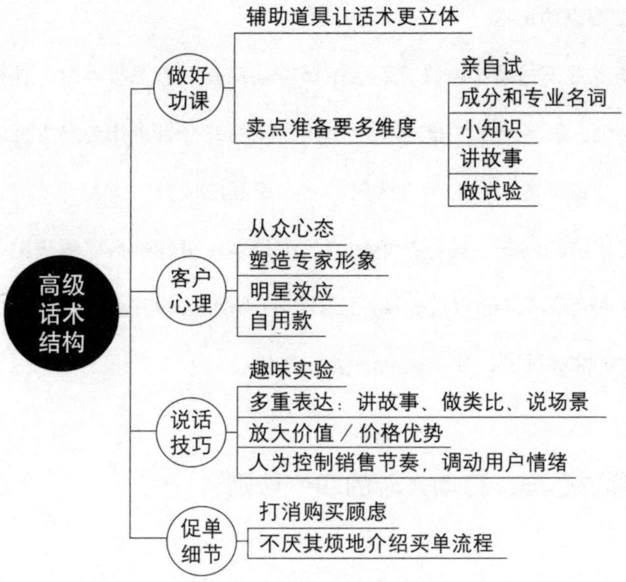

图 5-1　高级话术结构

做好功课：道具和知识都不能少

1. 道具功课

在直播中，除了展示的商品外，还需要一些辅助道具来协助销售。比如当需要谈价格优势，展示打折力度大的时候，小助理会拿出计算器；当谈到产品是与某明星同款的时候，小助理会拿出准备好的大幅照片；当需要演示如何下单购买时，小助理会拿出手机或 iPad，演示下单的步骤和界面……这些对销售成功有正面推动的积极作用，远比仅凭一张嘴说得天花乱坠，更能让客户信服。

2. 卖点功课

卖点并不是越多越好，超级主播李佳琦在做产品推荐时，往往是提炼出一个、最多两个主推的亮点，在有限的几分钟内用各种维度的说法把这个亮点讲透。比如亲自试用；展示产品的成分，讲解专业的名词；讲解使用中的问题、技巧、小知识；讲故事，可能是自己或周围人的经历，也可能是商品的背景故事；让团队的小助理、其他同事配合做试验；用一些趣味的试验，展示商品的核心卖点……

客户心理：打动人心的四个法则

掌握客户心理，也是高级话术的底层逻辑技巧。本书重点介绍主播们采用的客户心理学技巧。

1. 从众心态

“群羊之智”“乌合之众”，这两个词就不用说了，激活用户抓住这点，是屡试不爽的。有这些说词供你参考：已经卖过 10 万套了，零差评……在开卖之前，已经有 10 万人加购（提前添加购物车）了……是 × 国药妆销量排名第一的……

另外，可多采用抽奖的话术黏住观众，有时人们为了得到奖品，就会安心地跟着看直播，在主播亢奋情绪的影响下，就从众跟着买了。

2. 造专家形象

很多人在下重要决定的时候，都愿意参考专家的意见。所以让用户相信你的专业水平，更容易卖出更多的产品。继续以李佳琦为例，他精心打造的人设方向，就是一个美妆领域的专家。

在李佳琦的直播间，你经常会听到化妆、护肤方面专业知识的讲解：粉饼和散粉的区别：散粉是让你在什么什么的情况（此处省略具体描述）下，用来解决问题的；粉饼是……，这时候你应该……诸如此类的知识性内容，恰好是观众需要的。主播讲解此类内容的过程，就是在观众心智中建立专家形象的过程。另外在讲解时，既要有专业名词术语，这样显得专业水平高，又要能够通俗易懂，用大白话让观众听明白，问题是什么样的，应该怎么做来解决。

3. 明星效应、明星同款

其核心卖的是一种自我实现，自我欺骗：用了同款，也就过上了他那样的生活。话术特别常见，但你怎么做得更高级呢？就是直接出示证据：把各种明星使用的图片打印成 KT 板，直接在直播间使用，来佐证自己所言非虚。

4. 自用款、自留款

这个不多说了，大量朋友圈的代购们也是这么说的，一旦说到自留款，用户们多少都更相信，毕竟你压上自己的信用做担保，主播用这种话术，更多是把自己切换到同是使用者的角色里。这样接下来的描述，让观众更容易把主播看作与自己同一立场，同为消费者，就更容易相信主播的描述。

说话技巧：讲故事也是技术活

另外，还有一些说话技巧，可以增加你内容的产出量。

1. 多做趣味实验演示

比如用洁面乳打泡泡，然后在打出的泡泡上放一枚硬币，泡泡不塌，用来说明泡泡的致密细腻；粘勾吊哑铃 + 一桶纯净水……在直播过程中做这类实验有时会变得很搞笑，再加上小助理与主播的表现，直播就会变得好看，黏住观众。观众停留的时间越长，越有可能产生消费。

2. 讲故事、做类比、讲场景

讲故事，比如李佳琦有一次讲自己拿到了一个史无前例的低价，“我拿到这个价格之后，× 产品总部（在国外）的大老板知道之后，亲自打电话给中国的总裁说，不行，你不能卖这个价格，你卖了这个价格之后，我们以后怎么办？”但是中国的总裁说：“那没办法，我已经答应了李佳琦，只能是这次卖完这个价格，以后再也不卖这个价格了……”这种具体的对话，比起直接说：“我们拿到了历史最低价，以后再也不会有比我更低的价格了”，是不是更有煽动性？

做类比，在互联网创业的过程中，投资人就常会要求创业者要能用一句话说清楚自己做的事情，比如我说自己的 CEO 播客项目，就会说：“这是直播界的 36Kr。”再比如我们卖双立人的刀，可以说：“这是菜刀中的爱马仕”……直接让用户直接领悟到商品的品质等级。

讲场景，就是描述产品使用的场景，把用户带入到场景中。比如卖帽子，我们可以说："如果只是下楼扔垃圾或者买菜时懒得洗头化妆，戴上这个帽子就好了"……简直可以瞬间促单。

3. 放大价值 / 价格优势

价格的优势都是"比"出来的。比如卖燕窝，对比星巴克咖啡的价格，一下子觉得吃燕窝也很划算，无非就是一杯咖啡的钱；卖小家电，对比京东的价格，竟然还更划算。

还可以用一招"链接法放大价值"。比如卖价格有点小贵的化妆棉，可以说："你们在用一些大牌化妆品的时候，一定要用这个化妆棉。"把它直接和大牌挂勾起来，让用户觉得：虽然小贵，但用大牌化妆品时可以更省或者效果更好。

4. 人为控制商品上架数量和节奏

在直播过程中营造火爆销售场面是必须的，比如采用逐步上架的方式，A 商品备货可能有 1 万套，但是第一次上架 1000 套，秒光了再上 2000 套，再秒光，再上。试想如果直接上架了 1 万套，1 分钟内卖掉 1000 套，相当于只卖掉了 10%；而如果先行只上架 1000 套，则变成了上架 1 分钟全秒光。从感觉上，是不是后者火爆了很多？

另外，调动了用户"抢"的心态，唤醒人大脑中关于安全的本能。"怕失去""怕错过"的优先级，远远高于"这个东西到底对我有多大用""这个东西到底划算不划算"这类的理性思考，所以饥饿营销屡试不爽，就是源于这个原因。

促单细节：别让恐惧吓到自己

一些新晋主播，或者是从短视频转型过来的主播，在促单环节的时候往往会有点不好意思，感觉在强迫顾客购买，其实完全不用担心，也不用恐惧用户不买账——老罗第一次直播的时候，也有点不好意和害怕说价格。

下面来看这两个细节，让你轻松突破心理障碍。

1. 用话术打消客户的下单顾虑

比如有一次我在销售一个很难卖的东西——网红合伙人。其实是代理网红的广告销售。直播间里放出了七折优惠的代理券，大家有点犹豫，于是我就现场跟直播嘉宾争取："是不是买了之后也可以推荐朋友来代理？可以转给朋友使用？"嘉宾也当场表示可以，于是打消了用户的下单顾虑。

李佳琦也常用这招：孕妈妈也可以放心使用，小朋友也可以放心使用。说到特定的敏感人群，让大家觉得安全标准很高。另外，主播们常用的一招是，劝新粉丝、不确定自己是否适用的粉丝，谨慎下单，第一次少买一点。真诚地为大家着想，也是做好高情商主播的重要之道。

2. 不厌其烦地介绍下单流程

这件事非常重要！不是每个刚进来的粉丝马上就能学会购买，有学习成本，一旦要动脑子，人类会本能抗拒。同时，这也是潜意识影响人不自觉跟着操作的好办法。

5.4 福利设计：8 大直播营销手段

营销手段是指在直播活动中可以管用的手法。下面这张思维导图（图 5-2），是从目前各大直播活动中整理出来的营销手段，供大家参考。

纪念营销

在这个人人崇尚仪式感的社会里，纪念营销往往利用的是人们对于特殊日期或者节日的一种仪式感心理。

节日营销：节日点营销（六一儿童节）、七夕情人节等。

会员式营销：VIP 特价、会员日、满多少成为会员等。

纪念日营销：生日特惠、店庆特惠；有一些主播，就特别喜欢以生日会的方式开启主题直播，当天的互动与打赏都会额外地多。

特定周期营销：每周二上新、每月一天半价等。

新品营销：新品九折、新品送 ×× 等。

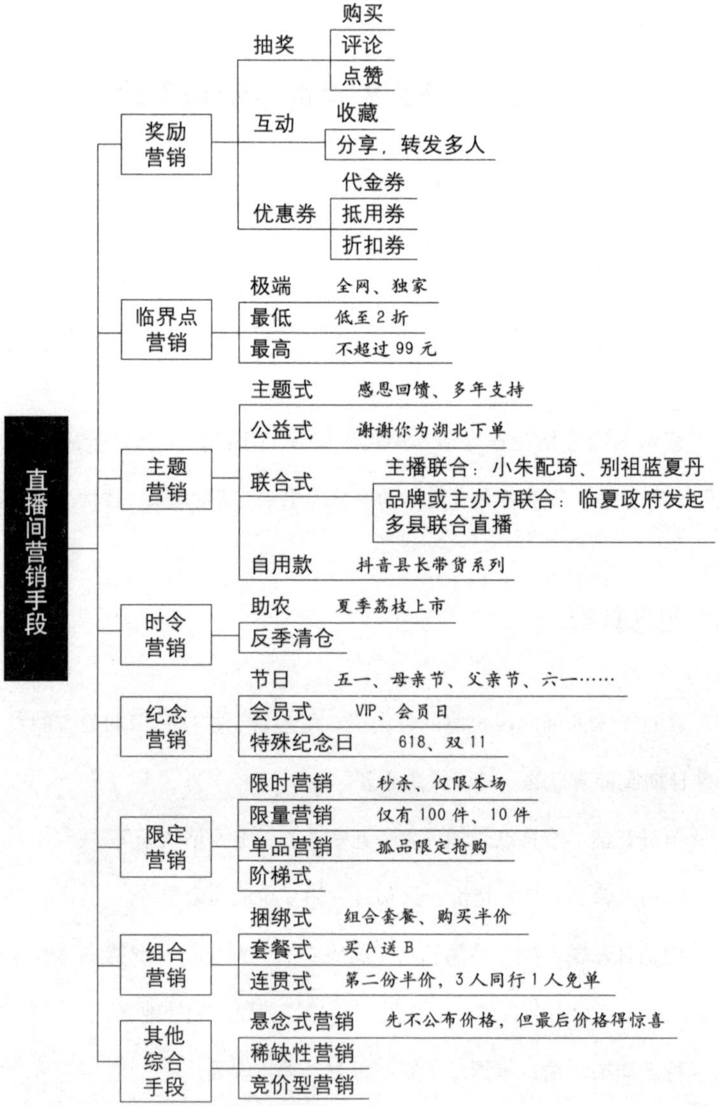
直播间营销手段
奖励营销
抽奖
购买
评论
点赞
互动
收藏
分享，转发多人
优惠券
代金券
抵用券
折扣券
临界点营销
极端
全网、独家
最低
低至2折
最高
不超过99元
主题营销
主题式
感恩回馈、多年支持
公益式
谢谢你为湖北下单
联合式
主播联合：小朱配琦、别祖蓝夏丹
品牌或主办方联合：临夏政府发起多县联合直播
自用款
抖音县长带货系列
时令营销
助农
夏季荔枝上市
反季清仓
纪念营销
节日
五一、母亲节、父亲节、六一……
会员式
VIP、会员日
特殊纪念日
618、双11
限定营销
限时营销
秒杀、仅限本场
限量营销
仅有100件、10件
单品营销
孤品限定抢购
阶梯式
组合营销
捆绑式
组合套餐、购买半价
套餐式
买A送B
连贯式
第二份半价，3人同行1人免单
其他综合手段
悬念式营销
先不公布价格，但最后价格得惊喜
稀缺性营销
竞价型营销

图 5-2 营销手段

限定营销

“物以稀为贵”的观念刺激着人们的购买行为。限定营销法就是为顾客提供独特风格的商品，提供特别的服务，创造一种稀有的氛围，使顾客感到此店与众不同。这是专业商店较为常用的营销方法，推出自己的独特商品，这种商品只能在本店买到，其他商店难以寻觅。

限时营销：秒杀、今日有效等。我们也曾经用过一种限时秒杀，就是以下一件商品上架前为时限，下一件商品上架后目前在售的商品就下架。

限量营销：仅有 100 件、限定款等。

单品营销：只卖一款、孤品限定等。

阶梯式营销：第一天上衣，第二天下装。早买早便宜等。

组合营销

组合营销是营销方式里的一个重要组成部分，是指将商家可控的基本营销措施组成一个整体性活动。营销的主要目的是满足消费者的需要，而很多时候消费者的需要很多，要满足消费者需要所应采取的措施也很多。因此，主播在开展营销活动时，就必须把握基本性措施，合理组合产品，充分发挥整体性优势和效果。

搭配营销：套装购买半价起、夏日清爽优惠组合装等。

捆绑式营销：买 A 送 B、加 10 元送 ×× 等。

连贯式营销：第二份半价等。

奖励营销

奖励营销，是指在受众接受营销信息的同时可以获得奖励。主播在推广产品时，对消费者的消费行为进行心理刺激，也就是说奖励。在粉丝收到奖励后，心理会有一种满足感和愉悦感，这样粉丝对于主播的信任度和购买力将大大增强。

抽奖式营销：购买抽奖、关注抽奖、抽取幸运粉丝等。

互动式营销：签到有礼、收藏有礼、下单有礼等。

优惠券营销：优惠券、抵价券、现金券、包邮券等。

临界点营销

大部分消费者都喜欢占便宜的感觉，临界点的噱头恰好能够营造出这样一种心理错觉，会让消费者觉得自己赚了。如果让消费者发现自己只需要小小的投入就可以换来大大的收益，或者只需要小小的投入就可以解决大大的痛苦，如此便能突破成交中间关键的“临界点”，让消费者对你的产品“动心”。

极端式营销：全网最低、冰点价等。

最低额营销：最低 5 折、最低 2 折起等。

定时折扣营销：定时打折、不卖隔夜肉的承诺等。

主题营销

营销都需要有一个主题，它是整个营销的灵魂。因为师出无名的营销活动是缺乏说服力和吸引力的。好的主题可以给消费者一个购买理由，有效规避价格战带来的品牌损害。所以，主题一定要与营销需求相吻合，以简洁、新颖、亲和力强的语言来表达。在不偏离品牌形象的基础上做到易传播、易识别、时代感强、冲击力强。

首创式营销：55 开黑节、55 助鄂日等。

主题式营销：感恩大回馈等。

公益性营销：我为湖北胖三斤，谢谢你为湖北下单等。

时令营销

时令营销可以分为两种，一种是季节性清仓销售，“清仓大甩卖”就是利用人们的投机消费心理。通常可以在季节交替的间隙进行一波大甩卖，有点类似于低配版的“饥饿营销”，还有一种是针对滞销款商品，正常销售很少有人买，一旦打着“甩卖”“清仓”的旗号，就能吸引一大批“占便宜”“凑热闹”的观众。

另一种是反时令营销，一般而言，对于季节性商品，往往有销售淡旺季之分。因为，大众消费心理是“有钱不买半年闲”，即按时令需求，缺什么买什么。商家或主播一般也是如此，基本按时令需求供货。因此，商品在消费旺季时往往十分畅销，在消费淡季时往往滞销。但有些商家反其道而行，在时值暑夏，市场上原本滞销的冬令货物，如毛皮大衣、取暖电器、毛皮靴、羽绒服等在某些城市销售看好。这就是“反时令营销”。有心计的商家常常推出换季商品大甩卖之举，而消费者中不乏买者，主要目的在于获得时令差价。

其他类营销

还有很多商家或主播，不走寻常路，只要有效果，任何营销方法都可以一试，只有想不到，没有做不到。在大型活动中，也要给这些商家提供机会。

悬念式营销：不标价、猜价格。

反营销式营销：高价营销（只卖贵的）、原价营销（坚决不打折）。

通告式营销：规定销售日、× 月 × 号新品首发。

稀缺性营销：国内唯一代理商、绝版营销等。

竞价式营销：在限定时间内出价最低者得，且未与他人出价重复。

借力营销

借力营销，是指借助于外力或别人的优势资源达到实现自己制定的营销目标。相对于广告等传播手段，借力营销能够起到以小博大，花小钱、办大事的作用，往往能取得四两拨千斤的营销效果。借力是实现自己目标最快的方法。

利用时事热点营销："华为启动 6G 研究""海绵宝宝马丁靴""西装配短裤"等。

明星营销："新裤子乐队同款 × ×""杰伦款 T 恤"等。

依附式营销："亚运会赞助商""乐队的夏天官方 × ×"。

值得一提的是，每种玩法、营销、话术都可以间歇性地将粉丝导流进粉丝群、点关注，或者在小程序上直播的伙伴，还可以将粉丝导流进个人号，做好粉丝留存，成为流量池。

第6章

私域直播型产品：

直播＋视频号＋公众号的强闭环

公域流量和私域流量有什么区别？前面我们讲了很多公域流量的直播，本章为你重点拆解一下如何做好私域流量，手把手教你如何利用存量完成裂变，打造公众号、视频号、社群等构建的一个完美的私域直播体系。

前面说完日常直播与大型直播活动，接下来重点探讨一下直播的一个新物种——基于私域流量的直播产品，可能是个人 IP 类的严选直播栏目，也有可能是垂直领域的直播内容，甚至是某个行业的服务型插件……

非黛就在做一个新的物种——CEO 播客，一档直播栏目，结合视频号、公众号、媒体官网及社群运营一体化的全新直播产品，它是直播届的大象公会、逻辑思维，用客观的角度观察直播与一切商业结合的可能性。在这里可以说新的观点，推荐新的商业模式，能带货，也有福利，甚至还独创了“联名直播”的新模式，用直播的“即时网感”，重新把各种商业内容再做一遍。

在第 2 章中列举了许多的直播平台，其实非黛更“鼓吹”私域直播的场景。因为只有自己精细化运营下来的流量才叫流量。尤其是在疫情这一特殊事件到来后，你会发现，此前经营好私域的人相对存活度更高，甚至从中找到了更多新的机会。而长期公域弱联系的人们，会相对要熬过一段更为艰难的时期，才能痛彻心扉地领悟——还是早做私域好呀！

换个通俗的比喻：公域还是和你原来开店一样，要有人经过并愿意进店、进店后能留下来多看几眼、多看几眼后还要愿意消费；而私域基本可以算是朋友、朋友的朋友，进店来必然会多坐一会儿，甚至扯扯闲篇，顺手就买几件走了。

和线下的逻辑一样，公域你得找流量大的平台，就像原来开店，得找有人流量的店面；私域要做好品牌和服务，就算开在小区，也能不断有回头客和转介绍。

而私域直播，目前就有红利期，只要你善用以下场景，不仅能让人愿意“进店”玩一会儿，还能变成回头客，继而转介绍。

6.1

理解私域的生态

下面用 3 个圈来表达私域直播的生态，所有互联网的形态，都可以用引流、留存、转换来进行思考，见图 6-1。

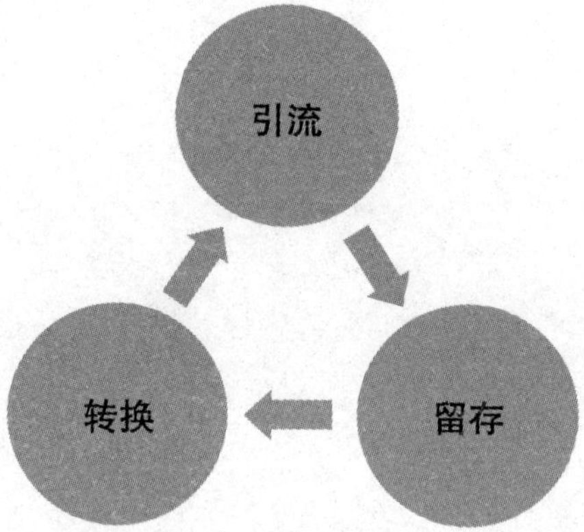

图 6-1 私域生态圈

除了公域导流到微信个人号、公众号外，在微信生态内获取流量还有一些办法，如通过微信首页、任务栏等 6 大小程序专属入口，可以下意识引导用户养成习惯，当然最重要的还是利用微信内多场景的营销方式，加速流量裂变。个人号之朋友圈、朋友圈裂变、公众号裂变这些都是常见的流量来源。本章主要为大家讲解一些平时不常接触的场景。

微信好物圈

好物圈是微信提供的服务信息管理和物品推荐工具。用户可以在这里浏览朋友推荐的物品，与朋友交流心得，还可以为朋友进行推荐。入口在“发现 - 搜一搜 - 圈子”里（图 6-2），虽然入口深，但是对热爱分享的重度用户正在慢慢成长，这也是微信想打好的一张牌之一。

图 6-2　好物圈位置

微信搜索

现在越来越多的人习惯使用微信搜索了，尤其是平时搜索联系人时，微信将搜索的页面做得更加丰富，用户可以通过搜索品牌名称直达商家。

同时，商家的服务和物品也有机会出现在相关搜索结果中，见图 6-3。

图 6-3　搜索结果展示

附近的小程序

在小程序中添加门店后，当用户在此地点的周围时，就可以在微信小程序入口中“附近的小程序”发现并使用小程序提供的服务，见图 6-4。

图 6-4“附近的小程序”的入口

再小的个体也有品牌

留存场景最重要的是做好个人号的品牌运营，尤其是打造好与直播出镜人物相关的人设。虽然不完全属于本书应该探讨的范围，但是为了让你能够更顺利地把所有认知贯穿在一起，这里补充说明如何做好个人号 IP，规则见图 6-5。

图 6-5　个人品牌如何搭建

来看两位朋友圈打造得十分专业的伙伴，一位是成功的女企业家，一位是做好直播服务的非黛，让人一目了然，见图 6-6。

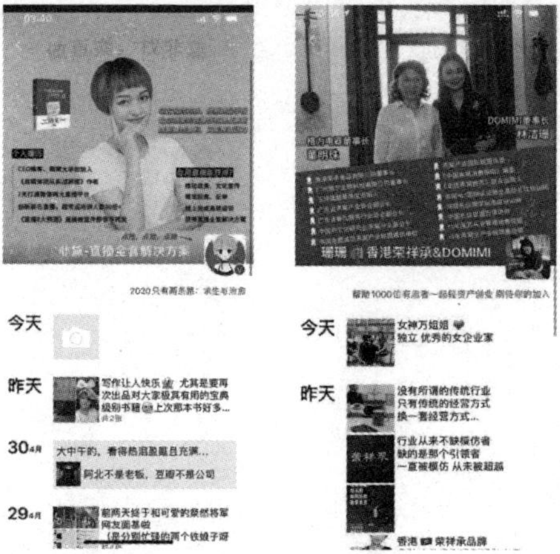

图 6-6　两位微信朋友圈个人品牌建设的正面案例

你也可以把承载流量的个人号，围绕着出镜的店长来打造。另外，朋友圈最好不要都是广告，要做好精细化运营，为用户提供服务，见图 6-7。主要是以下 2 个方面的服务。

（1）产品的答疑解惑或相关知识。

（2）提供情绪价值。

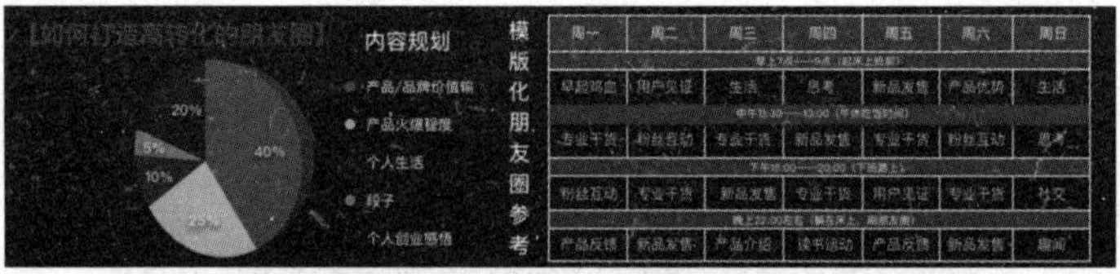

图 6-7　朋友圈发布内容规划

这两方面的服务是做得还不错的微商朋友们不断总结出来的方法，值得参考。

6.2

存量裂变增量的 6 大玩法

公众号引流裂变

公众号引流裂变所采取的方式是给足用户诱惑，只要用户帮忙转发活动文章，就可以加个人号并入群领取福利，同时还能留在社群里享受服务，图 6-8、图 6-9 是知识裂变的路径截图。但经营型的商家会把星球的入门券换成小程序的优惠券，或者自己其他平台的红包——只要是用户迫切需要的福利即可。

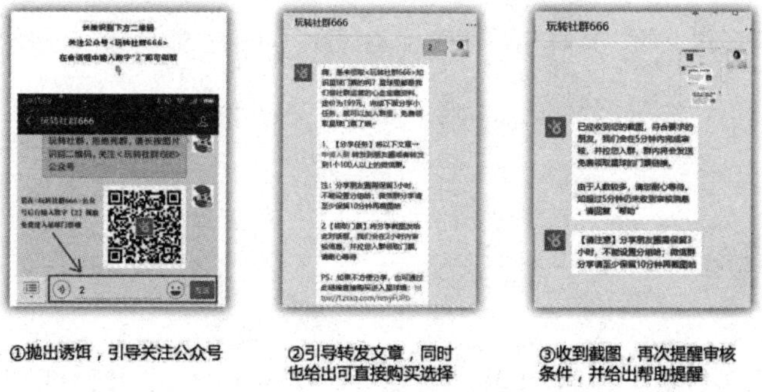

①抛出诱饵，引导关注公众号

②引导转发文章，同时也给出可直接购买选择

③收到截图，再次提醒审核条件，并给出帮助提醒

图 6-8　公众号文章裂变

图 6-9　文章裂变后，引流进个人号和群

这是甄妙老师的一个案例，当时的活动时期为 9 天，中途还换过一次文章转发链接。第一次采用的是直接推文的方式，从仅有 200 多个粉丝和 1 个 400 多人的微信群开始启动。1 天后的活动阅读量为 1800 多，后面改成素材库永久链接的文章进行推广，文章目前的阅读量为 5000，为公众号增粉 3000 多，个人号增粉 1000 多。而且，文章带来的粉丝质量很高，大部分是目标客户。

所以，一定要针对自己的实际情况，采用上面这种操作方式，设定好用户所得之物，这样用户才能称心如意，我们也能满意——相当于一个用户不仅关注了我们的公众号，还加了个人号、进了群。

任务宝裂变

任务宝是一个插件工具，通过公众号设定好目标，让用户做任务。一般是扫描海报，识别二维码后，邀请用户关注，并为用户设定任务：

邀请几个粉丝，就可以拥有 × × 福利。同时还设定榜单，让用户去争夺排行榜。具体操作路径见图 6-10、图 6-11。

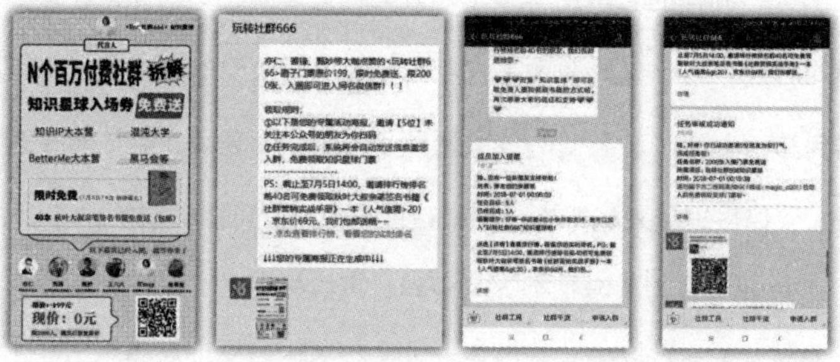

①扫码关注公众号　②弹出专属海报，引导转发分享　③作务完成进度提醒　④任务完成后，自动弹出个人号添加入群。

图 6-10　任务宝操作流程

⑤设置加入自动验证通过（等待 30 秒），自动发出邀请，并告知群规。

图 6-11　任务宝入群后流程

任务宝如果用得好，裂变效果非常好，但是重点在于要找好其福利诱饵。如果福利不吸引人，海报和文案不够吸引人，效果也会很差。

另外，同样的套路用得多了，效果也会变差。之前非黛在建立燕窝大学的时候，第一天就颠覆了行业5年的协会吸引的用户量，但是持续使用到第六七次时，裂变的效果就差了很多，而且现在微信对于裂变这种方式管控得也越来越严格，如果速度过快，就可能会清粉。

不过如果是为了增加个人号粉丝，可以慢慢来，不用那么快，细水长流，效果也是很好的。在用户进来后，为他们提供好的服务和内容，如果速度太快，反而顾不过来，这样用户体验就会变差。

小程序裂变

小程序裂变的具体操作路径见图6-12、图6-13。

图6-12 用小程序裂变

图 6-13　导粉进群

如果用海报进行启动传播，有效时间会很短；如果用微信文章，就会产生长尾流量。

文章引流裂变

同样是在文章中给出合适的福利，比如别人很想要的资料包，或者是其他地方没有的福利，不同文章的下方弹出的微信号，等用户加了之后，一样引导对方裂变、分发。具体操作路径见图 6-14。

图 6-14　文章引流裂变

个人号转发裂变

个人号转发裂变的方式是转化路径中最短的，其方式就是用海报启动，通过扫码添加个人号，由个人号引导用户进行转发，截图后才能领取福利奖品。具体操作路径见图 6-15。

图 6-15　个人号导粉，路径短，戒心强

群裂变引流

群裂变的原理也是用诱饵海报启动，只不过海报上的二维码是入群二维码。入群后，群内机器人小助手会自动发消息引导用户转发海报到朋友圈后并截图到群里，完成任务的朋友，小助手就通知其添加个人号，领取赠品。具体操作流程见图 6-16。

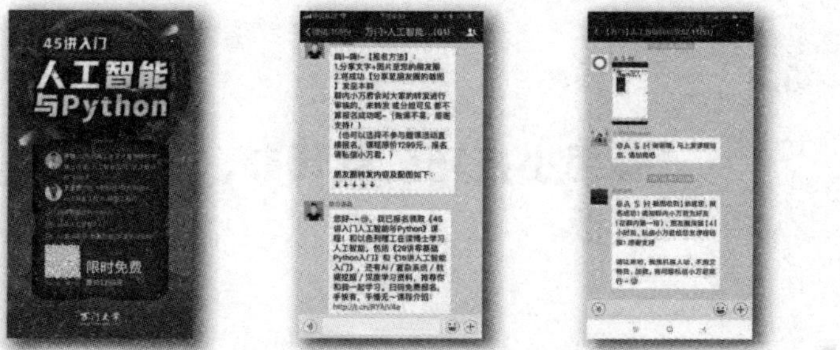

①诱饵海报　②扫码进群机器人自动引导转发　③用户截图后引导加个人微信领取资料

图 6-16　万门大学的导流海报

非黛在燕窝大学首期导粉时，就是用的这个办法，精准吸入了 2 万多从业者。这些用户往往是对供应链和行业活动有需求的，并且有 12% 以上是月销量 50 万以上的用户。后续长期运营，商业空间相当好。图 6-16 的万门大学也是如此，给足用户回馈，吊足胃口。

群裂变所用工具一般有两家，建群宝和爆汁，启动量用公众号派单、朋友圈、微信群投放都可以。这种方法在 2019 年有很多人使用，不过任何方法都是如此，用得多了，效果就会变差。

裂变不可能一蹴而就，很多时候都是需要尝试、尝试、再尝试！很多人尝试过一种方法，效果不佳后就放弃了，而有一些人失败后，调整再尝试，往往就能成功。

把目标客户加到个人号只是开始，接下来还需要通过优质的内容、产品和服务去为用户解决问题，这些潜在的目标客户才会成为你真正的客户。

6.3 善用小技巧：群代办、服务通知模板

微信的私域流量一向是不好打的，每一步都要非常谨慎，尤其是微信之父张小龙，是一个极度崇尚极简和克制的人。因此，他创造的这个产品无形中也给运营提出了很高的要求：要有好的质量，不要过度打扰。

我们要做的公众号一般是服务号，但服务号一个月只能发 4 次怎么办？可以通过以下两个办法来解决。

一是多开发服务的各种功能达到交互目的。比如使用消息通知模板，唤醒用户；在服务号内部建立关键词回复、72 小时自动激活用户等技术体系；提供一个用户不得不常使用的功能，如即时查询（飞常准就是个好例子）、打卡（有点过时）等。

二是使用群代办 + 群工具，减少对公众号通知的依赖。身边许多商家都会建立自己的微信顾客群，通过“群”的方式宣传、维系顾客关系等，微信新增了两个群功能：群待办和群工具。善用这两个工具，让你的小程序直播能更快激活用户、唤醒用户进入直播间。

群待办

群主 / 群管理员可以在群里将重要消息设置为“群待办”，避免群成员错过重要消息。设置“群待办”主要有两种方式。

（1）群主 / 群管理员可以在转发小程序到群内时同步设置。

（2）群成员转发到群里的小程序，群主 / 群管理员也可以点击“设为群代办”设置。

设置完成后，“群待办”会形成强提醒消息，通知全部群成员并呈现在输入框上方，顾客需要点击查看小程序后，待办才能消失，见图 6-17。

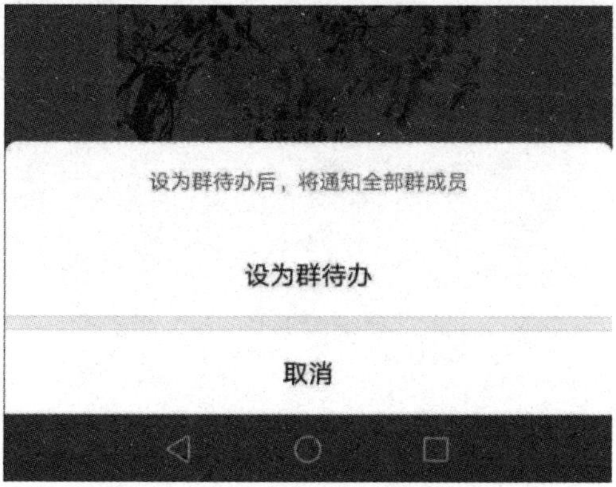

图 6-17　群待办提醒

“群待办”的强提醒消息见图 6-18。

图 6-18 “群待办”的红字提醒

在输入框上方，每次有人完成群待办后都会通知提醒，见图 6-19。

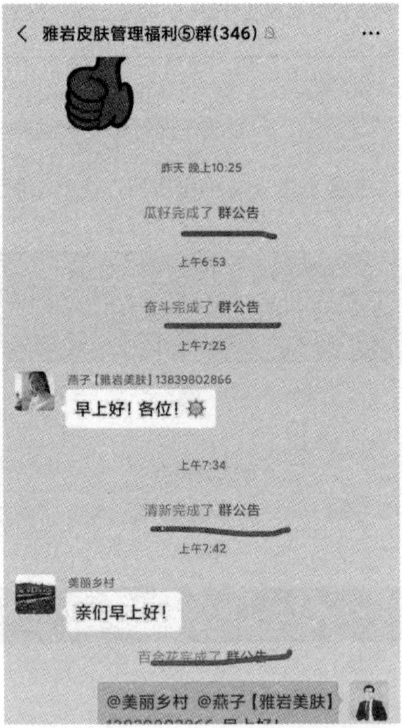

图 6-19 每次有人完成群待办后都会提醒

如何应用？分享你的商品橱窗小程序到顾客群内，并设置为“群待办”，这样所有顾客都更容易看到你推荐的商品，并进入小程序选购下单，这样便能轻松获得更多订单！特别适用于做商品的秒杀、促销等活动。

群工具

设置群内常用工具，让使用更便捷。在微信群的“+”菜单中新增了“群工具”选项，进入后可看到“群管理员置顶”及“群内最近使用”的工具，群成员点击即可进入小程序，见图 6-20。

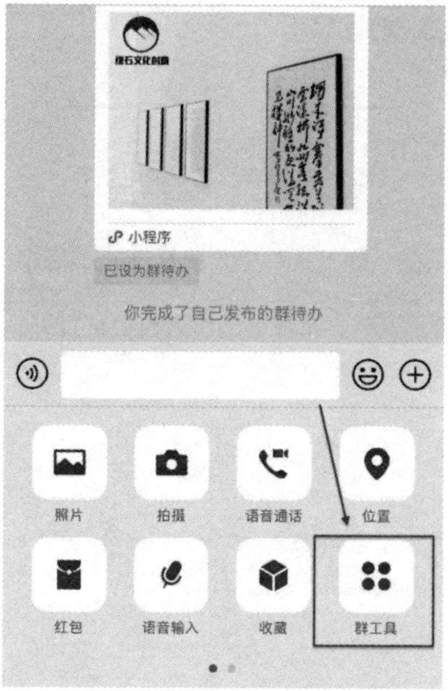

图 6-20“群工具”所在的位置

群主／群管理员可以打开“管理”菜单，选择需要置顶的小程序，还可以调整已置顶工具的顺序，见图 6-21。

图 6-21 “群工具”使用细节

比如商家可以在“群工具”里置顶自己的小程序，顾客就能更快速地进入直播间挑选、下单，无须退出聊天窗口再打开，这样能增加转化。

6.4 视频号与公众号相结合

说起视频号，不得不提到 2019 年 12 月，张小龙在回顾微信公众号的发展历程时，说起一个很大的遗憾是，以文章为代表的“长内容”始终是公众号的主要形态，“短内容”却没有面向公众的分发渠道。

张小龙说：“微信的短内容一直是我们要发力的方向，顺利的话可能近期也会和大家见面。毕竟，表达是每个人天然的需求。”

张小龙认为：“不能要求每个人都能天天写文章。相对公众号而言，我们缺少了一个人人可以创作的载体。”视频号是一个可以记录和创作的平台，用 1 分钟以内的视频，或者 9 张以内的图片，和更多人分享生活和世界，见图 6-22。

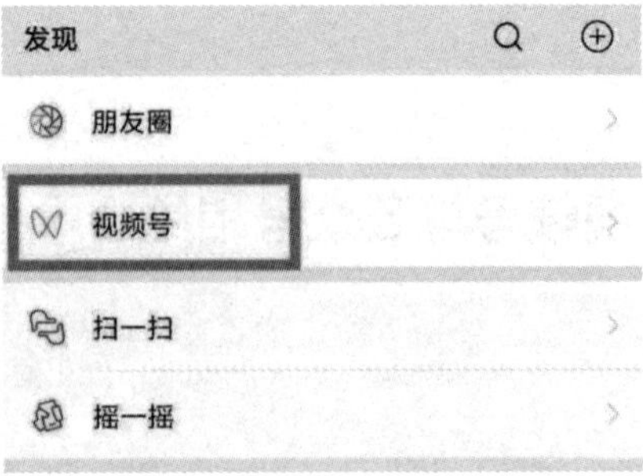

图 6-22　视频号入口

下面来分析视频号的几个特点，探讨为什么它是与直播互相配合的好载体。

（1）内容上以短内容为主，目前支持发 9 张照片或 1 分钟的视频。从某种程度来说，直播过程中有很多好内容的切片，这些切片很适合发到视频号里，尤其是带笑点的、带知识点的内容，而且在直播过程中拍摄下的内容约等于内容的复用。

（2）每天发布的数量没有限制，跟朋友圈一样。

（3）可以分享到微信生态，即微信群、微信好友和朋友圈。同时一样具有算法机制，通过用户的点赞、评论，进行圈层扩散。

第（2）点和第（3）点要结合在一起看，一旦具备数量不限且有算法扩散能力，视频号就是在微信已固化的生态中的一个变量大杀器。

（4）评论、点赞、增加粉丝都有红点提醒，同时在更新视频号后，好友的微信底部第三个按钮“发现”会有红点提醒，点开后会在好友的视频号按钮处出现你的头像提醒——圈内戏称这是价值 1 个亿的机制。

有了这个提醒机制，有强迫症的人都知道，为了消除红点，大家还是会被“骗”进去看一眼的。

（5）自动播放视频。通过视频号入口进入频道后，会自动播放第一条视频，声音自动开启——如果你的内容好，强提醒后用户进来，你就拥有了抓住他的机会。

第（4）点和第（5）点的组合，也是一个变量大杀器。

（6）可以设置超链接。目前有很多视频在宣传介绍中添加了超链接，点击超链接会跳转到相应的微信文章。

在前两个大杀器的基础上，视频号还附上了第六点这个杀招，如果你的视频号内容引导得好，同时在宣传介绍中增加了超链接，那么引流到公众号，就是完美闭环，见图 6-23。

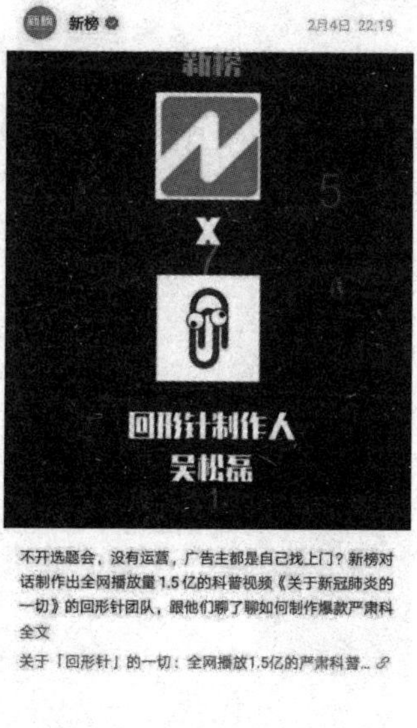

图 6-23　视频号导流公众号

见图 6-23，新榜这一条介绍回形针内容的短视频，就附上了公众账号的链接，同时也进行了合理引导。

为了了解更多的信息量，“秋叶大叔”视频号的 10w+ 内容，主题是“如何快速申请你的视频号”，介绍了开通视频号和发布内容的具体步骤，由图片、BGM 和旁白解说三部分构成。

视频还为公众号导流设计了几个细节，比如视频底部加了一行字：“关注秋叶大叔视频号，分享好书和干货”，视频结尾有“点击关注”视频号字样，还为下一个视频做了预告。

这条视频为“秋叶大叔”带来了可观的数据转化。

非黛的好朋友，蘑菇租房的联合创始人龙东平就一直为视频号和公众号引流这件事向我们推荐，他说：“开通 2 周，前 6 条平均每条播放量超过 38200，平均每条点赞量 1135，每天粉丝躺涨。”

在他看来，视频号带公众号，公众号连小程序，这个组合很猛很暴力，也很有想象力。更何况小程序一旦具备了直播功能，更是在原来“轰炸机”的基础上挂上了超级导弹。

6.5 社群运营：让别人占便宜

社群是一种关系链，是指某一个群体之间有某种关系，不管是血缘关系、校园关系、职场关系、兴趣伙伴关系，还是相互利用的关系，这种关系支撑着所有人都认同这个群体，愿意在这个群体内社交、一起做事情。

即使是在没有互联网的时候，社群底层的这种关系链也是存在的，家庭之间是血缘关系，公司内部是职场上的合同契约关系，同学之间是校园关系，游泳健身班是基于兴趣的社交关系。

也就是说，社群是古而有之的，只是在微信和 QQ 等社交传播工具、星球和千聊等社群运营工具普及后，社群关系链更容易进入人们的视野里，弱关系链也更容易建立，社群也就在 2016 年开始火了。

后来，在私域领域中一直提到的社群运营，大部分是指微信群、星球等基于微信私域的社群场景。

直播新物种为什么要建立社群？社群是每一次直播冷启动、再扩散的核心弹药！提高社群参与度，就有了初始基础。

而社群的裂变办法就是：让别人占便宜，以自己为平台，赋能社群里的成员，让成员裂变自己的私域，我们进入到对方的群里，为其站台。

LadyBoss 是一个女性学习社群，在事业上有野心的女性，跟随着一名叫柳婉琴的老师，不断学习如何开拓思维。

如同微商一样，LadyBoss 采用的也是一人带一人进社群的线下会销方式，高大上的仪式感、音乐氛围烘托，让学员们走上红毯，锻炼公众表达能力，互换资源。每次的培训都有主题，也进行高额的收费。然而疫情一来，所有业务都无法在线下复制。

时值腾讯的看点直播刚刚推出，LadyBoss 立刻抓住这个机会，以“最新风口 腾讯直播”为由头，开始私域裂变。从一开始，9.9 元进群，到 39.9 元拥有建群资格，她们建立了一套完整的裂变体系。

简单介绍一下 LadyBoss 的裂变逻辑：你需要付 9.9 元的费用，才能进入一个学习报名群，在这个群里，辅导老师会教导你，9.9 元购买的是你对时间的珍惜，马上会让你回本的，你只需要再交 39.9 元，我（辅导老师）与你配合，帮你建立自己想影响的社群，以后这个社群的用户，营收都与你相关。

由于涉及部分商业机密，因此只能简单用一些代替价格、代替名词来表达。LadyBoss 不仅从直播再次扩张自己的社群私域流量，还让导师们纷纷上抖音直播，以行动让会员们看到实效，自己还再次从公域导流。

当然，社群也要定期解散、定期再次聚拢，长期的社群，除非十分精心地运营，否则用户很容易失去新鲜感，变成死群。

如果建立与直播相关的社群，最好对社群成员进行分类，当成员有需求时，有针对性地为其定制专有裂变，并且在直播中做有效结合。

第 7 章

价值 4000 万：

直播的捞金与资质

直播不就是带货嘛！直播带货不就是以前的电视导购嘛！直播不就是整个手机、装个软件，人人都能做嘛！如果你也这么想，那你真没搞懂直播！带货只是直播的一种方式，直播能做的事还有很多。另外，直播并不是你想做就能做的，它是要准入证的。本章为你详细解读直播的捞金模式和资质。

在本书写到这一章的时候，非黛竟然意外地上了一次“学习强国”。半夜的时候，朋友突然在微信群里喊：“非黛，我听到你的声音了！”原来是央广网《中国之声》采访我对直播的看法，在“学习强国”平台上播出了。

说起来这是一次无心插柳，央广网记者采访我的时候问：“你觉得现在直播行业有什么问题？”我非常诚恳地回答了，现在所有人都觉得直播行业只能做直播带货，这就是一个巨大的误区，直播可以做好的内容，做好的IP，甚至能够改写一切商业。另外，直播也需要好的三观和底线，才能走得更长远。

直播从2020年开始，就如同当年SARS之后的电商，是真正地开始不一样了。如同电商可以养活无数人、成就无数职业、养活无数不同类型的企业一样。本章主要讲一讲直播的捞金模式与资质。

7.1 直播商业模式：再说直播只能带货掀桌了啊

每次有人问我“直播带货你怎么看？”“你能直播带货吗？”的时候，真的很想掀桌，怎么会认为直播只能带货呢？

事实上，前微软战略合作总监刘润曾经在文章中提过，直播带货半年内就会封顶，大多数玩家只能草草收场——因为主播们在抢的是用户的时间。大部分普通人不能每天晚上都看直播，他们要加班，要看电视，要谈恋爱，要逛街，要听音乐，要玩游戏……所有的行为都在与主播抢用户的时间。

除非你做的直播能够生产出一样能满足他们这些需求的内容。

当然，这就是直播存在的机会，这些大家都想消费的内容、服务如果都用直播再做一遍，那可玩的东西就太多了。

直播服务

直播服务这四个字其实有些歧议，首先，直播领域需要很多服务，运营、内容、设计、选品官……但这里说的直播服务，事实上是目前各大平台的机会。

拼多多第一时间上线了直播功能；有赞与爱逛的协作，也让其具有了直播功能；微店一直嚷着要开直播功能，也迟迟没有上线，希望到本书出版的时候，它能赶紧赶出来；网易云音乐也上线了直播功能……

因此，倒推回咱们能提供的直播服务，如果看书的你拥有一个平台，是否可以提供直播服务给平台上的伙伴们？是否通过直播让用户对你更有依赖？

我们与一些协会、联盟等组织沟通的时候，都在不断提倡对方可以为成员们提供这些服务——当然有一些组织不具备这样的资质（下一节讲资质），那么是否可以在线下为成员们提供这些服务：线下直播间租赁，甚至引进相关的直播资源。

直播众筹 / 特卖

在刘润的观点里，直播众筹、直播特卖也是一个好方向，类似于直播届的京东众筹，直播届的拼多多等。

刘润认为，众筹平台天然适合做直播。只要品牌商发布新产品，尤其是科技产品，都可以跟众筹的直播组合作。在上市之前，以一个极低的价格来做众筹直播，500 个限量秒杀，如果用户没有抢到，就只能等产品上市了，这是一种极好的宣传与用户测试。

直播众筹毕竟可持续，永远会有新产品上市。众筹直播间，其实就是新产品发布平台，给用户优惠的这笔钱，就相当于新产品的推广费。

直播特卖同理，如果说众筹是新品上市，那么有特卖就是尾单甩卖，有新产品上市，必然就有旧货清库存。

有这样一个数据，疫情后出现的一个团队，背靠七匹狼等鞋服闽企，通过直播大量抛售过季服饰，居然实现了月入千万。

全案直播

事实上，在很多主播带货翻车之前，大量原来做公关、活动、短视频的团队就蹦出来，声称自己是全案直播第一人、全案直播第一团队，直到一些知名人士带货也“翻车”后，这些拼命抢市场第一的团队才稍微克制了一下，毕竟全案直播要考虑团队的内容策划能力、执行能力以及团队配套的设备、现场稳定技术是否能应对直播等问题。

只要云发布会、云招商会这些活动变为常态化开展，即便线下已经能开展群聚活动，全案直播的需求永远都会存在，毕竟全案直播的传播过程是一个很好的品牌展示。

直播策划

和全案直播一样，直播策划虽然是直播中的一个小环节，但围绕着直播的脚本、内容、互动玩法设计，也是一个大方向。就像以前的 4A

广告公司，养活了许多内容生产、设计、执行等环节的人一样。

如果你对直播策划很有感觉——比网感更强的那种“即时网感”，做直播策划服务也是不错的选择。我们就接到了许多直播策划的案子，和抖音、微信代运营一样，直播策划也是帮助他人解决大量内容生产、运营的问题。

直播执行

和直播策划一样，直播执行团队，也是直播中的一个重要环节。

董明珠女士的“翻车”直播，很重要的是当时的直播执行团队虽然用了很好的设备，但并不能把设备的最佳性能匹配到一起。甚至对当时的灯光、动线、每个角度的场景都没有明确的想法，甚至没有调试。

在此前的章节中已经提过，直播过程中需要配置诸如导演、道具、导播、音视频等成员，如果你可以组建这样一支团队，直播执行的这个生态位就完全可以抢占。

直播 IP

早在 2018 年，当其他的直播平台刚刚意识到 IP 能带来的价值时，斗鱼已经开始了自己 IP 打造的探索。当其他平台还在苦苦思索如何打造自己的 IP 时，斗鱼已经初步建立了自己的 IP 矩阵，并对外输出自己的

IP 运作能力。

而如今非黛说的 IP，是指以直播方式输出内容和服务的 IP，可能会涉及泛知识、娱乐、种草达人、猎奇买手……甚至是虚拟 IP。

这类型的 IP，有时候一个人或者是单一小团队就能玩成功，只要肯坚持，肯钻研平台的规则，B 站上在新的娱乐频道里，已经出现了不少这样“带脑子”的直播主播，他们正逐步走向 IP 化。

直播 PGC 节目

直播 PGC 节目早期在直播界声量相对较低，好多人认为直播 PGC 节目很传统，淘 Live 在早期一直不断孵化一些直播节目，如《美丽俏佳人》《大梦想家 Bigger》等。但在早期，大家一直以带货为标准来评价这些 PGC 节目，认为他们既没有好的带货结果，内容也不是特别好看，因此 PGC 并不适合直播。

但是，“权来康康，撒开了买！”这一央视天团组合在 5 月 1 日晚上 8 点，通过央视新闻和国美零售合作，在央视新闻客户端、抖音、国美美店微信小程序、拼多多、京东等平台上线，无数观众在线观看和购买。

央视主持人康辉、朱广权、撒贝宁、尼格买提的第一次组团带货直播，成绩斐然。一场国嘴级超强“Talk 秀”，再加上顶级平台，顶级货源，效果直接炸翻全网。直播观看人数 2000 多万，卖货 5 个多亿，大家在主持人有梗、有笑点中，将直播看成了一场综艺。

有不少网友说：完全可以当作一期新的综艺节目来看，见图 7-1。

图 7-1 网友评论

没错，只要你肚里有料，同时有较强的组货、选品以及统筹平台的能力，完全可以做出一档直播 Live 级的脱口秀。又或者组局做一个新型的综艺节目。和往常综艺里做植入一样，直播综艺也一样可以植入，甚至可以直接购买。

可以想象，未来大量的广电、娱乐企业、明星会朝这个方向厮杀。

直播经纪 / 直播 MCN

与以往的直播公会、直播经纪公司不同，现在的直播经纪、直播 MCN 想象空间更大，可以签一些有想象空间、有潜力的主播，通过自己的运营、策划，将对方当作全新的艺人业态来打造——以往的主播公会，只能抽取主播获取打赏的佣金。如果现在你还能把商业代言、品牌渠道这些工作给做了，那么主播的收益更丰富，直播经纪公司的收益来源也能更多。无非就是把你以往只和平台打交道的运营，多增加一项与品牌打交道的工作。

如果每个主播能解决商务、合作、内容的所有问题，他自己早就成为直播 IP 了，届时也不需要一个直播经纪公司来专门服务，可能会自己组建直播经纪团队。因为，直播经纪这个生态位，适合自己没有出镜 IP，但是有出色运营能力的团队。

7.2

资质准备：3 本关键证书，其中一本市价 4000 万

前面说到很多直播生态位，但是要进入直播行业捞金，还是有很高的准入门槛的——大概也是因为前几年太野蛮了，后来出了很多规定，以至于现在有新的业态出现时，旧的规定限制了新的力量进入。

不过，合适的管理也是好事，本节主要介绍目前对直播从业者，尤其是直播平台、直播公司的经营许可证要求。

信息网络传播视听节目许可证

先来说这一本最难申请的证书。这个证书需要企业是由国企控股的才能申请，门槛比较高；可能涉及的还有广播电视节目制作经营许可证（制作和发行视频）、营业性演出经营许可证（如有演唱会、戏剧、舞蹈、个人或团体表演等）、SP 证（移动端 APP、发送短信、验证码等）。

在主流直播平台中，大部分持有文化部的网络文化运营许可证，只有部分已经具备了广电出台的《信息网络传播视听节目许可证》，如

映客、YY、虎牙等，但花椒、斗鱼、熊猫 TV 并没有《信息网络传播视听节目许可证》信息。由于《信息网络传播视听节目许可证》相较于文化部的《网络文化运营许可证》需要更多的条件和资质，所以较难申请。

网络文化经营许可证

直播行业最基础的证件，一般会申请游戏运营和虚拟货币发行这项，还有演出剧节目等，不过现在演出剧审核太严，难度较大。申请《网络文化经营许可证》需要满足以下几个条件。

（1）网络文化经营许可证审批时需有单位的名称、住所、组织机构和章程，有确定的互联网文化活动范围。

（2）网络文化经营许可证审批具有合法的互联网文化产品来源渠道或互联网文化产品生产能力，符合文化部关于互联网文化单位总量、结构和布局的规划。

（3）有适应互联网文化活动需要并取得相应从业资格的八名以上业务管理人员和专业技术人员。

(4) 有 100 万元以上的注册资金、适应互联网文化活动需要的设备、工作场所以及相应的经营管理技术措施；申请游戏产品业务的，除上述条件外，注册资金须达到 1000 万元以上。

（5）根据《关于文化领域引进外资的若干意见》（文办发〔2005〕19 号），网络文化经营许可证审批不受理外商投资互联网信息服务提供者申请从事互联网文化活动，允许港澳的服务提供者设立由内地控股的经营性互联网文化单位。

（6）法律、法规规定的其他条件。未取得《网络文化经营许可证》的后果：根据中华人民共和国国务院令《互联网文化管理暂行规定》文化部令 51 号，经营性互联网文化单位提供互联网文化产品，或者提供未经文化部批准进口的互联网文化产品的，由县级以上人民政府文化行政部门或者文化市场综合执法机构责令停止提供，没收违法所得，并处 10000 元以上 30000 元以下罚款；情节严重的，责令停业整顿直至取得《网络文化经营许可证》；构成犯罪的，依法追究刑事责任。

ICP 许可证

ICP 许可证，全称增值电信业务经营许可证 – 互联网信息服务业务，属于互联网行业基础性资质。

在小程序平台上，如果你要开通供商家入驻的直播，增值电信业务经营许可证是必须的，如果没有这本资质，微信在审核代码的时候，会不予通过。要记住，它是审核代码，所以不要抱有侥幸心理。

另外，从业人员还拥有了一个新的资质，在 2020 年后的网络直播中，更多倾向于导购直播，整体业态的发展，也让管理部门重视这一需求。受人社部委托，中国就业培训技术指导中心于 5 月 11 日发布《关于对拟发布新职业信息进行公示的公告》，拟新增 10 个新职业。其中就包括“直播销售员”这一工种，主要工作任务包括：搭建数字化营销场景，通过直播或短视频等形式对产品进行多平台营销推广；提升自身传播影响力，加强用户群体活跃度，促进产品从关注到购买的转化率等。这是一件好事，也许在不远的未来，直播的资质会有一些新的变化，更开放，也有更多的可能性。

没有资质，如何高性价比选择服务商

随着 2020 年直播风潮的到来，有一些资质的限制也有所松动，甚至原来拦住大量创业者的直播带宽费用问题，也由腾讯财大气粗地包了，微信后端提供直播组件后，大量商家，只要自己拥有研发能力，其实也能拥有直播功能，自己在小程序开通直播的，只需要符合腾讯的要求，首先在以下 18 个品类中申请直播，见图 7-2。

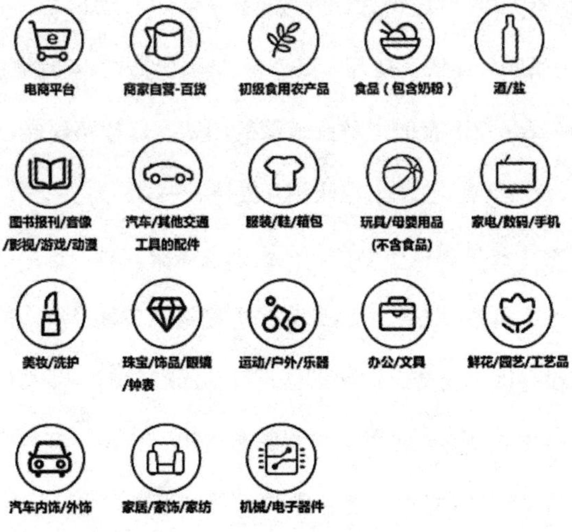

图 7-2　18 个可申请直播的品类

同时符合腾讯的一系列要求：

（1）主体下小程序近半年没有严重违规。

（2）小程序近 90 天内，有过支付行为的商家。

（3）以下条件满足其中一项即可：

①主体下公众号累计粉丝数大于 100 人。

②主体下小程序连续 7 日日活跃用户数大于 100 人。

③主体在微信生态内近一年广告投放实际消耗金额大于 1 万元。

同时满足 18 个品类内以及 3 个条件的商家才可以开通微信小程序直播功能。如果自己有研发团队，可以自行开发，并且通过一系列资质审查。如果没有研发能力，可以选择靠谱的服务商提供服务，此时需要注意以下几点。

（1）请对方提供自己的小程序案例。

（2）沟通服务详情，是否能保障自己运转稳定、及时维护等。

（3）最好寻找对直播了解比较深的团队，这样不仅能让你得到技术上的支持，在运营、资源上也能相互支持。

另外，对于各种小程序平台，在提供直播服务时，也可以租借线上直播间，虽然不清楚对方是否拥有前文中提到的各种资质，但是如果费用不高，开通尝试也无妨。但如果信不过，同时你的产品又属于创新、有趣与文化相关的品类，可以来寻找非黛借用一下线上直播间——目前非黛经营的 CEO 播客栏目就是独立的小程序平台，也欢迎优秀的内容创作者，共同向用户提供好内容。

7.3 连锁店、大品牌必读：自建小程序如何控制成本

我有一些朋友，每次想用新的技术时，都恨不得立刻组建起一只独立团队，自己研发，自己运营。这样看起来好像不用把费用付给第三方，但殊不知这样成本极大。

帮大家算一下，一个最轻便的技术团队需要什么样的配置，以及人员成本是多少，见表 7-1。

表 7-1　一个技术团队需要的配置及成本

岗位	人数及工作内容	月薪（按最低薪资折算）	年成本总计（福利及运营成本按 1.5 倍计算）
产品经理	1 人，需求调研、整体功能规划	7500 元	135000 元
前端工程师	1 人，前端代码	9000 元	162000 元
后端工程师	1 人，服务端后台等	9000 元	162000 元
UI 设计师	1 人，界面设计、交互设计	6500 元	117000 元
总计	4 人	32000 元	576000 元

先说明一下，月薪取的是行业内中等的水平。还要你运气好，用这样的薪水能招到独立且保质保量完成工作的人，不需要太多其他团队的人去收拾烂摊子。同时，就算人员这么精简，大家还愿意保持互联网行业内的冲劲儿，而不是离开圈子慢慢变得懒散……这些都要各种天时地利人和。

另外，除了发薪水外，按国家规定还需要有五险一金的保障，还有日常运营的福利及年终奖金，因此，在年成本上，我按 1.5 倍计算。

最终：57.6 万。

而目前市面上，如果要根据你的需求，完全定制一个直播小程序，估计也花不到一半的费用……

因此，除非是十分大的品牌，特别需要强有力的自建团队——据我所知，连七匹狼这样的大企业的小程序研发也是外包的！对于中小企业，或者是稍上规模的连锁店、大品牌，都可以考虑找一些靠谱的外包团队。

小程序开发涉及两个方面的费用，一是固定费用，二是开发费用。

固定费用

1. 微信认证费用

如果你想开发一个个人的小程序，以个人号的方式去申请，则不需要认证费用。但是如果是企业，建议不要以个人号的方式去申请，会出现很多限制。比如微信支付功能，电商类的小程序都没法儿做。

如果是以企业的方式去申请，并且以后会用到微信支付功能，这里就必须要认证了。如果有公众号，并且已经认证过，那么就不需要再重复认证了，认证的费用是 300 元／年。

2. 服务器费用

小程序跟网站一样，都需要服务器才能正常运行。服务器就像一个房子一样，装着小程序的所有数据。目前服务器的费用主要包括以下几种。

（1）云主机。可以租赁或购买阿里云、腾讯云的自建服务器，可根据自己的实际需要购买，需要多大的就购买多大的，最低价格一般在 500 元／年。

（2）HTTPS 证书。小程序必须使用 HTTPS 协议，HTTPS 协议需要购买 SSL 证书。现在大部分机构免费提供一年的 SSL 证书，前期可以免费使用，一年之后可以进行付费使用。SSL 证书大致费用为 3000 元／年。

开发费用

1. 开发模式

小程序的开发模式有定制小程序开发和模板小程序开发两种。

（1）定制小程序开发。定制小程序开发的时间较久，一般在 1 ～ 3 个月，根据企业和商家的需求，进行单独开发，每一个页面、每一项功能都需要进行单独开发，因此开发难度较高，耗时较长，所以价格上会贵一点，一般在几万元到几十万元不等。

（2）模板小程序开发。这种目前很普遍，模板小程序开发就是直接套用行业模板，然后在行业模板的基础上更换图片、内容等。其开发难度较低，耗时短，所以价格上会便宜一点，一般为 1000 ～ 10000 元。

2. 功能

功能是影响小程序开发价格的重要因素之一。以一个电商小程序为例，要实现的功能有：注册、登录、支付、分享、物流等。功能越多，费用也就越高，所以具体费用得在确定完你需要什么功能之后才能确定。

根据以上这些原则，来选择性价比高的团队。

另外，目前微信小程序直播功能存在的一些注意事项也需要注意：每个直播间的直播时长不能超过 12 小时；同一个小程序可以支持 50 个直播间同时直播；商家每天的直播上限是 50 场；商家须在直播间内添加商品列表，在直播前就要将商品提前录入到商品库中，商品入库前需经过平台审核 1 ～ 7 个工作日，商家每天最多提交审核 500 件商品，入库商品上限为 2000 件。

7.4 政府、国企拥抱直播：促进产业发展是关键

在疫情期间，从国家到地方纷纷推出政务类小程序，以满足人们办事不接触的防疫需求。这些政务小程序涉及方方面面，小到查找发热门诊、同乘人员、就业，大到办理营业执照、申领国家补贴、政策发布，应有尽有。

目前政务小程序、国企小程序，都倾向于服务、便民类型，真正支持产业发展的直播类小程序，还没有较为典型的案例出现。

但事实上，由政府牵头打造小程序直播平台支持产业，由国企承办运营该平台，依旧可以走原先政府搭台，国企协助维护运营，产业企业纷纷登台唱戏的模式——这也是实在落地的好模式！

甚至政府的各级领导亲自出镜带货、推荐、讲解内容，扶持平台上的企业成长，不仅不会将流量浪费到其他平台上，还能将属地内的关注度吸引到本地平台上——温州某地级市就在这件事上跑得十分快，不仅快速落地了产业园，产业园里的直播平台也直接搭建了起来，从政策、空间、人才、内容上都促使原来一些出口的企业快速转型自救，转向国

内寻找买家。这样的综合直播模式，见表 7-2。

表 7-2　综合直播模式

类型	技术平台	功能点	商家与平台关系	运营方	效应
综合直播	政府支持搭建本地自有的小程序直播平台	商家商品上架	以委托代销的形式合作	国企	政府带头，以激活产业重视新业态为主，产业效应与社会效应兼具
		多直播间同时开播	可由自己的店员上播，也可由平台方提供直播销售员		
		抽奖、拼单等营销功能	提供礼品及优惠		

事实上，许多政府部门每年都要花不少费用在线下的活动、媒体宣传、行业大会上，而打造产业的垂直直播平台，能将这些日常的大型活动花费与实实在在的产业链接在一起，同时，这也会带来以下两大效应。

（1）社会效应：领导通过出镜直播的方式支持平台，与原有的各类大型活动一样，具有社会影响效应。

（2）产业效应：原来的活动仅仅是活动，一次性做完，又得等明年，而现在将直播平台结合进来，可以通过活动将流量引进平台，让企业能真正获益，长期运营。事实上，这也是帮助某一具体产业更快速、更健康地赶上直播风口。

举个温州某地级市的例子，他们反应相当快，从空间、政策、行业、人才各方面来建立体系。

1. 提供空间

聘请服务产业园落地的优秀团队，快速提出直播众创空间的落地方案、政策方案和装修方案，合理规划。将规划出来的空间提供给有需求的企业、个体主播等。企业、主播可以租用直播间、办公室的方式，解决自己大笔投入搭建直播间的问题。

2. 提供政策

入驻众创空间的企业、主播，根据结果拥有不同等级的奖励，如租金减免、税收减免等。他们更大胆的是，如果到达一定的销售额，还有额外的奖励。比如某入驻主播，协助在地企业一年销售了 500 万元核心产品，得到空间提供的 10 万元额外奖励。

3. 提供平台

由直播众创空间建立本地化电商严选平台，提供直播服务，免去各大企业多方探索直播功能的痛苦。

4. 人才培养

主攻直播销售员方向，空间运营方与国内优秀的直播培训机构合作，不仅有线下的导师培训、直播销售大赛，还有线上的云网校，定期更新课程。

来学习的人员，要么是属地各大企业内由企业主指定转型为直播销售员的员工，要么是想在这个方向就业的人员。一来解决企业自主培训成本高、成才率低的问题；二来解决失业人员再就业问题。

5. 商品代销

通过直播销售员培训的人，不管是不是企业内部员工，都可在直播众创空间提供的平台上，为企业的商品进行直播代销服务，企业的产品有了出口，员工也有了工作的新场景。

6. 活动运营

直播众创空间联合国内各大优秀平台，或者优秀的全案直播策划，定期为平台进行活动策划，邀请属地领导上阵代言，甚至以线下展会加上线上云购物节的模式，打造全新场景，同时为本地严选产品积蓄流量池。

这类型的直播新模式，在全国范围会越来越多。

第 8 章

直播技术装备：

用外包还是自行采购设备

如何选择直播技术装备？很多刚入门的个人和企业，一上来还没赚钱就产生了一大笔支出，这并不可取。本章为你提供一些建议，避免那些别人踩过的坑，少走弯路，少花冤枉钱，多办实事。

如果不是一次性活动，而是有一定的使用频次，还是建议有心要拥抱直播的你，最好自行采购一些设备。

如果是大型活动，建议调用专业的外部团队，提供稳定的现场解决方案——这个领域很深，在本书就不详细介绍了。

本章主要针对个体、企业导购直播（直播销售员）的工作环节，提供一些意见。特别说明：不包含任何商业植入，纯粹来自各大直播公会、主播的诚恳建议。

8.1 基本设备：简陋一点也能开播

事实上，要上直播先不要进太大的设备坑，在前面的章节中，非黛就在直播间装修里详细地解答了，就算没有摄像头，也可以用手机投屏的方式配合电脑开始直播。

本节主要讲，如果连电脑也没有，只有简陋的直播装备，你需要准备哪些。

手机直播设备

1. 两部手机

两部手机，一部用来直播，一部用来做伴奏，带货的可用来做客服。建议使用苹果手机，一是画质清晰，传输中不会被压缩；二是长时间直播稳定性好。当然，也可根据自己的情况选择。

2. 一个外置声卡（非必要，有更好）

好的声卡可以避免声音中的杂音、延迟失真等问题。娱乐类的声卡还有像混响、电话音、降噪、变声等功能。

外置声卡需要兼容手机、电脑、平板，支持双设备连接的，也就是能支持两个手机直播、两个话筒，这样能满足两个人同时直播，或者是多平台直播。

3. 一个麦克风（非必要，有最好）

麦克风的品牌种类有很多，建议选择电容麦克风，它的优点是频率范围广，音色细腻，录下的声音很丰富；但缺点是对环境要求高，价格稍贵，一般要 200 元以上。

如果是做吃播直播，建议选择领夹麦克风（安卓、苹果手机和数码相机使用的接口不一样，注意区分或者准备转接口）。

4. 支架（必要）

支架的形式非常多，有多个机位（手机＋声卡＋麦克风＋补光灯）一体的，也有分开单个独立的，有落地的、台式的，等等。根据自己的需求选择即可，重点考虑直播支架的可伸缩、可扩展性，还要考虑稳定性和占地的大小。基本上对于新手主播来说，百十元就可以达到要求，当然要求高的直播也可选择更专业的。

5. 补光灯

环形的补光灯是目前大家普遍使用的，可调节光（暖光、白光、柔光），俗称美颜灯，大小一般在 10 ～ 18 寸，根据直播场景选择。建议选择暖光和柔光。

6. 网络要求（重要）

WiFi 一定要稳定，保持直播不断线，如果 WiFi 实在不稳定，也可直接使用流量。

简约的直播间设备

如果你已经更职业化了，不仅仅是拿一台手机来直播，这时候非黛建议配置如下设备。

1. 电脑

组装机和品牌机都可以，配置：一般 CPU 为 i5 以上，最好是 i7，内存 8G、独立显卡和声卡。

2. 高清摄像头

如果已经是职业直播了，那么专业手机投屏当然不可行了，最好配上高清带 1080P 摄像，支持美颜。

3. 补光灯

建议选择 18 寸以上的圆形美颜灯，如果有条件，可以开始研究冷暖光搭配等。

以上设备是一个新手主播开始好好直播营业的基础条件。事实上，非黛始终坚持，内容大于装备，如果你没有好的内容输出，再好的装备也没有什么意义……当然了，颜值经济时代，好的清晰度还是很关键的，不过现在普通的手机也能够满足。所以，内容才是王道。

8.2

进阶要求（声音篇）：声卡、麦克风、监听耳机

接下来是进阶篇，当你觉得自己的内容已经理顺了，也有好的方向发展了，适当投入一些设备费用是没有问题的。如果不是露脸的主播，那么先从声音优化做起是一个极好的选择。

要想把声音优化好有一个好公式，就是：好声音 = 话筒 + 声卡。有的演艺类直播节目，最好再加上监听耳机。

麦克风的选择

普通的电脑语音麦克风、蓝牙耳机，在这个阶段已经不适合了，普通的电脑语音麦克风（非原装耳机）音质一塌糊涂，而且会产生延迟。拾音范围、灵敏度、音质都相当糟糕，好好的内容却被麦克风毁掉，所以建议选择专业的电容麦克风。

那么什么是电容麦克风呢？电容麦克风是利用导体间的电容充放电原理，以超薄的金属或镀金的塑料薄膜为振动膜感应音压，以改变导体

间的静电压直接转换成电能讯号，经由电子电路耦合获得实用的输出阻抗及灵敏度设计而成。

这是很专业的解释，实际上主播不用懂这些，黑猫白猫能抓老鼠就是好猫，只需要根据你自己能接受的价位去挑选就可以了。在这里，非黛建议大家尽量买大金属振膜的，因为音质会比较好。

声卡的选择

我们的直播技术总监对非黛时常问她这些设备类的问题“嗤之以鼻”，尤其是在问她：“是不是用了好话筒，就可以不用声卡了？”她恨不得通过微信伸过手来摇晃我：“醒醒！好的声卡比好的麦重要！”

因此，如果你已经进阶了，不妨配上声卡。当然，我们的技术总监又给了一个“土豪”的建议：艾肯 ICON 4nano 直播设备声卡套装及以上。

这款绝对能应付大多数的直播，当然，如果你的预算没那么多，可以选择一些能 USB 即插即用、装上驱动就可以用的声卡。专业声卡有以下几个特点。

（1）可以插卡农头，支持电容麦克风。

（2）如果涉及表演，还要能支持乐器直录，比如民谣吉他或者键盘都可以直录，有针对乐器专用的 6.5 寸插孔。

（3）可以带 VST 机架软效果器，它能实现很多想要的效果，比如魔音、闪避、电音等。

现在很多商家出售麦克风 + 内置声卡套装，大家也可以考虑一下。

监听耳机的选择

许多主播还会选择配备监听耳机，最重要的是监听自己直播的效果。在此非黛不建议使用监听音箱，一方面会吵到周围的人，一方面自己监听自己的效果也不方便。因此，可以选择一些较为专业的监听耳机。

什么是监听耳机？监听耳机是没有加过音色渲染的耳机，是相对于高保真耳机而言的。通过监听耳机，能够听到最为接近真实的、未加任何修饰的音质。它广泛应用于录音棚、配音室、电视台、广播电台以及 MIDI 工作室等领域。

监听耳机要具备两个特点：一是频率响应要足够宽，速度要快，保证需要监听的频带范围内信号失真尽量小，具备清楚地反映监听对象声音特点的能力；二是坚固耐用，易于维修和维护。

HiFi 高保真耳机：不属于真正的监听耳机，定义为与原来的声音高度相似的重放声音，主要用来欣赏音乐、收听广播、观看电影。它们具有以下特点：一是频率响应尽量的平坦宽阔，以使得欣赏各种音乐都能获得良好的效果；二是效率比较高，以适应民用音响器材输出能力比较小的耳机放大线路；三是质量轻，佩戴要舒适。

监听耳机可选择的品牌有：铁三角、森海塞尔、ISK、AKG、得胜、音平等。监听耳机分为半封闭、全封闭和入耳式，如果使用全封闭的耳机，戴久了容易耳朵疼，或者影响整体妆效。所以，可以选择入耳式的监听耳机，有时候监听耳机归导播使用，能及时协助调整音效。

8.3

进阶要求（视觉篇）：灯光与镜头

灯光是一门非常深的学问，灯光用得好，人的气质、颜值都会随之改变。所以经常有人说，灯光用得不好，自己看了都害怕。

直播用的灯其实也是很讲究的，要不然就不会有月入百万的直播间装修师的故事了——运用现场的装饰和灯光，帮助主播实现最好的上镜效果。可是，大部分人请不起那么厉害的直播间装修师，怎么办？自己能不能合理用光呢？

非黛在这里也只能分享一些职业主播的经验，这些都是他们自己手把手研究出来的，相对理论来说，比较落地。

从一灯到多灯

原来直播界有句玩笑话，叫“一灯大师”，是指很多主播不知道如何布局灯光，干脆一灯到底，而且还是个小小的圆形灯。

除非你的颜值真的很能打，或者直播软件的美颜效果非常好，否则小小的“一灯大师”很难走得长久。

因此，初步升级，可以把 10 ～ 18 寸的小圆形美颜灯升级为 21 ～ 22 寸的大环美颜灯，见图 8-1。

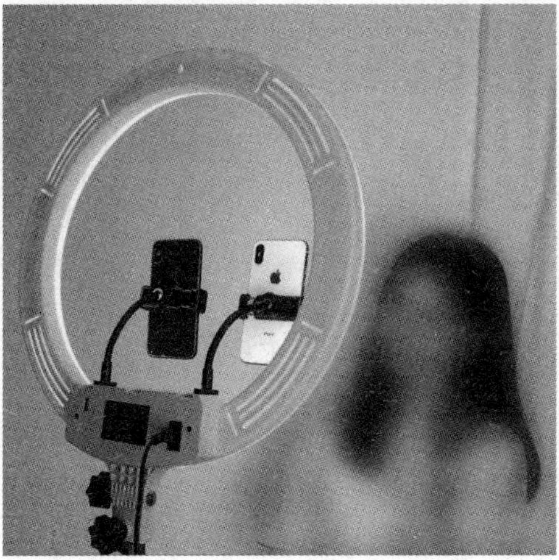

图 8-1　直播美颜灯

当然，圆形的美颜灯并不能满足所有人的需求，毕竟人的脸型不同，需要的光也不同。又或者你的直播间迭代升级了，需要再次更新自己的设备。

也有的主播推荐这种长条形的光源，头顶来一盏，斜正面来一盏，光线也柔和，但相当强调高亮，见图 8-2。

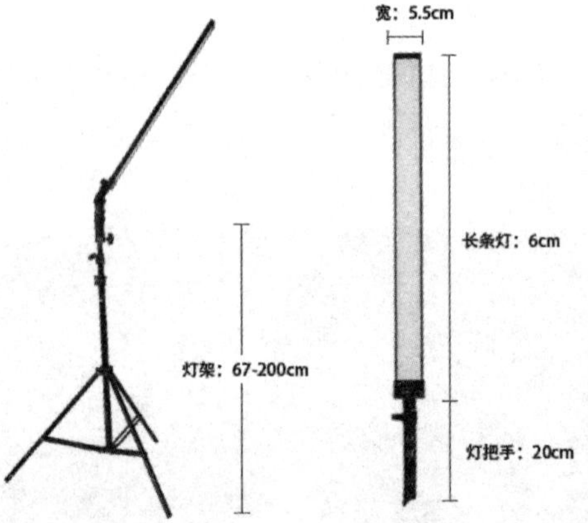

图 8-2　光源选择

更进一步，你还可以搭配好整组灯光，预算也不高（名牌灯具除外），见图 8-3。

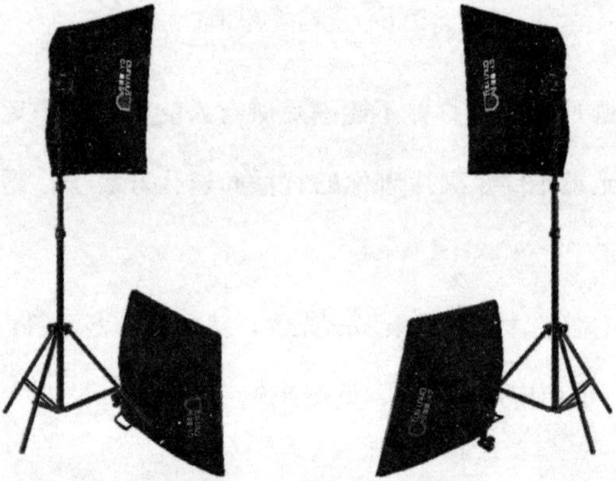

图 8-3　组合光源选择

整组灯具，无论你怎么搭配，都可以。接下来，我们讲搭配公式。

搭配公式：用细腻的软光

灯光界有很多知识点，我们不需要记那么多，简单粗暴地记住以下建议：用软光，表现更细腻。主光采用 LED30W 以上冷光灯放在头顶上方。辅光采用 LED 可调的暖光灯（瓦数越大越好），辅光照在你正脸面对的墙上。有条件的可以再备上一个暖光灯或者反光板，效果更佳。

灯光的正确位置：

（1）变瘦脸，让五官更立体的方法，可以采用斜上光源的方式。斜上光是从主播头顶左右两边 45° 的斜上方打下来的光线，在调试灯光的过程中，主播可以注意自己眼睛下方出现一块明亮的三角形光斑，这就是非常有名的伦勃朗布光法。

（2）变长脸，在头顶偏前的位置布置光源，这种布光方法会将主播的颧骨、嘴角和鼻子等部位的阴影拉长，从而拉长脸部轮廓达到瘦脸的效果。但是这个方法不适用于脸型较长的主播，会显得脸更长。

因为每个人的脸型都是不一样的，所以调整也是千变万化的，每个人都需要将多种灯效叠加在一起，并慢慢调整到最佳角度，非黛只能给大家一个大概的方向。

高清美化摄像头的选择

镜头解决方案有很多，主要看你的直播场景。

综艺类直播内容

可以像电视台那样，多台高清摄像机，通过采集卡，转接信号到直播间，由专业导播现场调度，镜头语言也会变得更加丰富。

这类型的镜头方案，建议电视台出身的团队，或者有做直播综艺的团队专项去研究一下，只要记得一个变化：咱们现在直播的屏幕，不再是以前的 16 ： 9，而是竖屏 9 ： 16 偏多，这比较符合用户的使用习惯。

像罗永浩的直播，就是典型的多机位直播，而且也是做得比较好的竖屏场景，可以参考一下。目前有一些电视台做的直播，还是习惯横屏的视觉切图，一时改不过来。

个体对话类直播内容

直播带货、直播脱口秀、企业的导购直播，都属于个体对话类直播。这种类型的直播镜头，看起来似乎很容易挑选，在网上搜一搜就可以了。但是，搜索后你会发现，有便宜的有贵的，到底选哪款好呢？预算怎么定合理呢？

对大型企业来说，拥抱电商、拥抱直播，多花些成本投入到设备上不是问题，毕竟这些设备投资的钱都是很快可以赚回来的。最重要的是，用最合适的设备把产品的细节和优点体现到位——如果不能把产品展示好并销售出去，再节省成本也没有意义。

因此，我们接触过一些客户，张嘴就说：“我们的直播间，投资了上百万。摄像头用的必须是天创恒达 A10 及以上。”看书的你可以去查一查价格，保证你拍大腿叫绝：“舍得！”

虽然我不是器材党，但是我尊重他们对这件事的重视。

因此，如果你追求产品的细节，就可以采购天创恒达各系列直播设备，比如 TC810 型号、T1 型号，甚至高价的 A10 系列。

如果你只是输出内容及颜值的主播，不需要特别展示产品细节，那么你的选择就可以是罗技摄像头 C930e 性能及以上了。所谓“工欲善其事，必先利其器”，这个品牌及型号已经能满足大部分主播了。

另外，还要注意摄像头放置的角度，一般来说，都是放在直播位置的正上方，有一点点往下面倾斜的角度。也就是所谓的 45° 角俯视，让你的脸更瘦、更精致。

结语：

变得太快，拥抱不确定性中的确定

疫情爆发前两天，我去了澳洲，与朋友们自驾旅行，寻找好玩的小众酒庄。当时研究的主要方向是短视频：因为有预感，随着抖音的内容失控，应该会有追求更多好内容的平台出现，因此随身携带着一台能美颜的微单，一路拍摄各种视频素材。当时赌的赛道是 B 站及微信的视频号。

结果到了澳洲不久，疫情大爆发，几乎所有人原本的计划都被打乱了。视频号、B 站虽然依旧很火，但是直播却突然横空出现，成了一匹最大的黑马：在线直播教育市场疯涨 300% 及以上，主播出现的速度比观众看直播习惯的养成速度还快，各大平台疯了一般地纷纷研发直播功能并上线……

由此，我们原定的短视频计划立刻终止，迅速转到观察直播赛道上。回国后自我隔离了 14 天，沉思，沉思，还是沉思……疯了一般的直播真的是风口吗？那些用微商代理的办法强推的腾讯直播能长久吗？除了发疯的在线教育，其他商业也适合直播吗？

没有着急上火地去赶趋势是对的，为了深度思考，加强版隔离到 2 月 28 日，小程序直播正式对外公布直播组件功能公测。是时候了！微信打的是人类的底层需求：通讯。因此在微信生态上，没有那么多的互相阻隔、跳转限制，一旦把公众号、视频号、直播和个人号四位一体打通，会是一个流量池的大杀器——不需要很多粉丝，有精准优质粉丝也极好，并且离商业更近，也更能生产好的内容去吸引志同道合的受众。

从那时开始，团队所有人就开始疯狂运转起来，研发小程序直播代码，了解直播的所有门槛，调动所有优秀主播及老师研发直播课程，策划新的直播节目“CEO 播客”，也就是我一直说的直播新物种。最终快速打通了内容、产品（小程序、联名直播、培训及全案直播）、流量池的闭环，还积累了许多经验。这里要感谢世纪慧泉和出版社的邀请、信任与监督，让我在最快的时间内将经验集结成册，希望能为所有一起在路上奔跑的创业者们、企业家们带去灵感和启发。

直播的不确定性太强了，本书尽量写到最底层的逻辑，避免表层的一些暂时性现象，毕竟在写作的过程中，就算时间这么短，每天依然都有新的规则和玩法不断更新。但是，直播的确定性又太强了，它是人类沟通方式的一次全新升级，它可以把所有商业再做一遍。我们就像乘坐着时光机，将原来对商业的敏感度放在直播里再冲刺一番。

世界就此又有了变量。

一起好好玩吧！